Julian Sleigh

Freiheit erproben

Julian Sleigh

Freiheit erproben

Das dreizehnte bis neunzehnte Lebensjahr

Verständnishilfen für Eltern

Urachhaus

Aus dem Englischen von Barbara Ziegler-Götte
Titel der englischen Originalausgabe:
Thirteen to Nineteen. Discovering the Light

ISBN 3-87838-939-6

Nach den Richtlinien der neuen Rechtschreibung

3., durchgesehene Auflage 1997 im Verlag Urachhaus
© 1992 Verlag Freies Geistesleben und Urachhaus GmbH, Stuttgart
© 1989 Floris Books, Edinburgh
Umschlaggestaltung: Bruno Schachtner, Dachau
Gesamtherstellung: Clausen & Bosse, Leck

Inhalt

Vorwort 7

Segel setzen 9

Mühlbach oder Strudel? 13

Den Kurs halten 22

Hart am Wind 28

Richtiges Lesen der Karten 35
Das dreizehnte Lebensjahr 36
Das vierzehnte Lebensjahr 37
Das fünfzehnte Lebensjahr 40
Das sechzehnte Lebensjahr 47
Das siebzehnte Lebensjahr 51
Das achtzehnte Lebensjahr 55
Das neunzehnte Lebensjahr 61

Meilensteine auf dem Weg 64
Der Lebensrhythmus 64
Die Schwelle im vierzehnten Lebensjahr 65
Das Schicksal als Karma und Aufgabe 68
Der Gedanke der Gnade 72
Die Gegenkräfte 76
Die Mondknoten 80

An der Mündung 82

Neue Horizonte 91

Drei Sterne als Orientierungshilfe 95
Die Urteilsfähigkeit 95
Das anteilnehmende Weltinteresse 97
Moralität 99

Heftige Böen 104

Überlegungen im Vorfeld 106

Im Moment der Krise 108

Ursache der Spannungen 110

Drogen 116

Auf der Suche nach Lösungen 120

Den Kontakt halten 125

Anlegen 127

Vor Anker gehen 133

Vorwort

Kein Buch kann dem Thema »Adoleszenz«, das heißt dem Jugendalter nach der Pubertät, wirklich gerecht werden. Auch ich teile hier lediglich Gedanken und Vorstellungen mit, die sich im Laufe meiner eigenen Erfahrungen im elterlichen Umgang mit Teenagern gebildet haben. Ich hoffe jedoch, all denen, die dieses Buch lesen werden, dabei helfen zu können, die wunderbaren Lebensjahre von dreizehn bis neunzehn in ihrem Wert zu erfassen und zu genießen, und dies trotz der Schwierigkeiten und Spannungen, die dieses Stück Lebensweg mit sich bringt.

Ich dachte zunächst daran, dieses Buch »Das Segeln durch die Lebensjahre von dreizehn bis neunzehn« zu nennen, fand dann aber, dass dieser Titel den Eindruck einer unbeschwerten Überfahrt vermitteln könnte. Nichtsdestotrotz habe ich bei den Kapitelüberschriften am Bild des Segelns festgehalten.

Herzlich bedanken möchte ich mich bei Lin Zimbler, die den Inhalt mit mir überarbeitete und viele wichtige Anregungen gab, ebenso möchte ich Nina Rowley danken, die beim Abtippen des Manuskripts eine Menge Fragen stellte, die zu einer Verbesserung des Textes führte. Auch meiner Frau Renate und unseren fünf sehr unterschiedlichen Kindern sei gedankt, die mich durch diesen Zeitraum der elterlichen Fürsorge mit einer unglaublichen Geduld hindurchtrugen!

Julian Sleigh

Segel setzen

Keine Überfahrt ist leicht und angenehm. Die sieben Jahre, die von der Kindheit zum Eintritt in die Erwachsenenwelt führen und mit einer einzigartigen Intensität gelebt werden, können mit einer solchen Seefahrt verglichen werden. Wir wollen gemeinsam versuchen, die Ereignisse zu beleuchten, die auf eine geheimnisvolle und tiefgehende Seelenbewegung in den jungen Menschen während der Lebensjahre von dreizehn bis achtzehn hindeuten. Die Schwierigkeiten, die in dieser Zeit auftreten, müssen nicht zwangsläufig Hindernisse sein, die uns das Licht nehmen, das in diesen Zeitraum scheint. Doch wie Schatten können sie uns auf das Licht aufmerksam machen, das sie hervorruft. Diese Jahre können sowohl von den Jugendlichen als auch von ihren Eltern genossen werden. Es sind Jahre des Wachstums und der Entfaltung. Wird jeder Schritt freudig getan, kann er verstanden werden. Allzu oft aber stehen die Schwierigkeiten im Vordergrund und werden vorrangig beachtet, und die unglaublichen Offenbarungen, die sich in diesen Jahren kundtun, sieht man nicht.

Die Gedanken und Gefühle, die ich mit den betroffenen Eltern teile, entstammen keiner beruflichen Beschäftigung. Ich bin weder Lehrer noch Psychologe, sondern habe meine Anregungen hauptsächlich aus meiner Familie erhalten. Unsere fünf Kinder sind innerhalb von zehn Jahren geboren, und jedes ist seinen ganz eigenen Weg durch die Wirrnisse der Adoleszenz gegangen. Die Unterschiede dabei waren gewaltig.

Meine Frau und ich haben versucht, ihnen eine behütete und schöne Kindheit zu schenken. Unsere Arbeit innerhalb einer Dorfgemeinschaft mit Behinderten auf dem Lande in

Südafrika bot dazu günstige Voraussetzungen. In Sonnenschein und freier Natur konnten unsere Kinder auf dem weitläufigen Gelände ihre Tage an der frischen Luft mit Schwimmen und Reiten verbringen. Sie erlebten Geborgenheit und religiöses Leben und hatten doch eine schöne Stadt in Reichweite – Kapstadt. Wir verbrachten trotz unserer anstrengenden Arbeit viel Zeit miteinander. Die Kinder hatten immer viele gleichaltrige Freunde und Spielkameraden. In der Schule hatten sie einfühlsame Lehrer, und es boten sich ihnen zahlreiche Gelegenheiten, sowohl ihre musikalischen und künstlerischen Talente als auch praktische und soziale Fähigkeiten zu entwickeln. Und doch erwartete jedes von ihnen eine unruhige, ja teilweise sehr rauhe »See« auf der Fahrt aus der geschützten Bucht der Kindheit hinaus ins Leben.

Unsere älteste Tochter hatte große Lernschwierigkeiten und kam mit der Schule nicht zu Rande. Mit zwölf Jahren musste sie von zu Hause fort und in eine Förderklasse gehen. Das aber gab gleich neue Probleme: Es stellte sich heraus, dass die freundliche Person, die angeboten hatte, sich um sie zu kümmern, Alkoholikerin war. Obwohl unsere Tochter durch die spezielle Betreuung wesentlich bessere schulische Leistungen erbrachte, war sie immer noch tief unglücklich in der Schule und ging frühzeitig ab, um bei Verwandten in Nordirland auf einem Hofgut zu arbeiten. So verbrachte sie annähernd vier Jahre ihrer Jugendzeit weit weg von daheim, immer belastet von dem Gefühl, etwas nicht geschafft zu haben. Und doch erwuchs ihr aus all dem ein tiefes Verständnis für das menschliche Wesen, und sie entwickelte sich in sehr positiver Weise zu einem umsichtigen und feinfühligen Menschen. Sie hat nun die meisten ihrer Lernschwierigkeiten überwunden und ihre künstlerischen Fähigkeiten weiterentwickelt, so dass sie schließlich einen Abschluss in einem handwerklich-künstlerischen Beruf machen konnte. Die heftigen Böen in ihrer Jugend brachten Zeiten großer Sorge, wobei wir Eltern uns außer Stande sahen, die innere Qual ihrer Schwierigkeiten zu erleichtern.

Unsere zweite Tochter hatte glänzende Zeugnisse in der Schule und schien geradewegs auf eine akademische Ausbildung zuzusteuern. Aber mit fast siebzehn Jahren wurde sie schwanger. In diesem einen Jahr musste sie sowohl ihre Mutterschaft als auch die Abschlussprüfungen bewältigen. Alle Pläne für ein Studium mussten aufgegeben werden. In den Jahren, in denen sie eigentlich die Welt und sich selbst hätte erforschen sollen, war sie bereits ins Erwachsensein geworfen und musste sich schnell selbst festigen. Sie heiratete mit 21 Jahren und bekam weitere Kinder, so dass ihr Leben ausschließlich von ihrem Muttersein bestimmt wurde. Aber alle diese Prüfungen haben den starken Kern ihrer Persönlichkeit zum Vorschein gebracht.

Die anderen Familienmitglieder kamen mit Drogen und Alkohol in Berührung. Das ist heute zumindest in den späteren (wenn nicht schon früheren) Teenagerjahren eine ungeheure Gefahr. Aber sie konnten von diesen Verlockungen wieder loskommen und einen Halt gewinnen. Während dieses Prozesses entwickelten sie starke Impulse für ein soziales Engagement.

Unsere dritte Tochter studierte Soziologie und arbeitet nun bei der Konfliktbewältigung in den Townships mit. Das ist heute eine der wichtigsten Aufgaben in Kapstadt.

Unseren Sohn führte sein Weg nach Europa, wo er sich zum Küchenchef ausbilden ließ. Er erlebte dabei den Stress einer Restaurantküche mit ihrem hohen Zeit- und Leistungsdruck. Eine Zeitlang verdiente er sich sein Geld als Kellner in einem Londoner Nachtlokal. Dort begegnete ihm die oftmals gezwungene Fröhlichkeit der Aussteiger und die Traurigkeit derjenigen, die einsam und ohne Ziel vor sich hin leben. Diese Erfahrungen machte er, noch bevor er neunzehn Jahre alt war. Er beschloss als nächsten Schritt, an die Universität zu gehen und Sozialwissenschaften zu studieren.

Unsere jüngste Tochter hat ihre Schulzeit erfolgreich beendet, und ihr Hauptziel ist es, unabhängig zu werden und zunächst einmal irgendwo praktisch zu arbeiten. Aber der Schritt von der Schule zur Freiheit bedeutete für sie die Notwendigkeit, sich selbst um eine Ausbildung und das Geldverdienen zu kümmern.

Zum Glück brach das Gespräch zwischen unseren Kindern und uns Eltern niemals ab. Darüber hinaus halfen sie sich auch untereinander. Jeder von ihnen hatte seinen eigenen Freundeskreis, mit dem er seine Erfahrungen austauschen konnte. Und sie konnten sehen, dass wir auf eine innere Führungskraft in ihnen vertrauten, die sie richtig leiten würde, auch wenn wir uns nicht unbedingt über alles freuen konnten, was sie durchzumachen hatten. In jedem von ihnen erwachte ein Bewusstsein dafür, dass ein junger Mensch für sein Leben verantwortlich ist und bereit sein muss, sich Herausforderungen mit den Kräften zu stellen, die er sich bis dahin erworben hat. Wir fühlten uns bestätigt, als wir sahen, dass unsere Bemühungen, unsere Kinder in der rechten Weise zu erziehen, letztlich nicht umsonst gewesen waren. Als Kinder waren sie abhängig von dem gewesen, was wir ihnen gaben. Nun sind sie auf dem Weg, selbst Erwachsene zu werden, von denen wieder andere abhängig sein können.

In unserer Familie waren die Bedingungen so günstig, und dennoch blieb uns Kummer nicht erspart. Wie viel schwerer müssen die Probleme der Teenagerzeit jedoch für Familien sein, die solche Voraussetzungen nicht haben! Wie können wir da sicher gehen, dass die Behauptung: die Teenagerjahre *können* genossen werden, die wir zu Beginn des Kapitels aufgestellt haben, sich als wahr und richtig erweist?

Mühlbach oder Strudel?

Die Jugend ist für jeden jungen Menschen voller Dramatik, sie ist es aber auch für seine Eltern. Um den inneren Aufruhr der Teenagerzeit zu verstehen, sollte man deshalb einmal darauf achten, was während dieses Lebensabschnitts mit den Eltern geschieht. Die eintretenden Veränderungen betreffen sie in hohem Maße. Ihr ganzes Wesen ist gefordert, mitunter bis an die Schmerzgrenze. Die Eltern werden diese Anforderungen bewältigen, wenn sie sich ihre eigenen Einstellungen bewusst machen und ihre Reaktionen beobachten. Ein Beispiel dafür sind ihre Sorgen. Eltern neigen dazu, sich schon Sorgen zu machen, wenn das Teenageralter näher rückt. Sie wissen um die vielen Gefahren, denen ihr Kind ausgesetzt sein wird. Aber jeder Schritt im Leben birgt nun einmal seine Gefahren, und warum sollte man sich gerade um diese besondere Sorgen machen?

Es gibt Sorgen, die tatsächlich begründet sind, viele aber haben ihre verborgene Ursache in der eigenen Seelenverfassung. Der Heranwachsende kommt einem näher und hält einem gewissermaßen einen Spiegel vor. Die Eltern sehen darin plötzlich ihr eigenes Leben im Nachhinein. Der Spiegel zeigt nicht, wie sie jetzt sind, sondern wie sie selbst als Teenager waren. Vielleicht können sie zum ersten Mal so Rückschau halten und sich fragen: »Wie war das mit meiner eigenen Jugend? Wurde ich fertig mit den Fragen, die mich bewegten? Gab es da vielleicht Ängste und Schuldgefühle, die ich unterdrückte, entweder weil ich nicht anders konnte, oder weil mich andere beeinflussten? Und nun, da mein Sohn oder meine Tochter vor der Schwelle zum Erwachsensein steht, sind es vielleicht meine unbewältigten Gefühle, die in mir hochsteigen?« Mancher Elternteil wird diese Konflikte auf den heranwachsenden Jugendlichen übertragen und nicht erkennen, dass sie ihn eigentlich selbst betreffen. Würde er es schaffen, den Spiegel anzunehmen und sich darin selbst anzuschauen, würde er sehr viel mehr ausrichten können.

Übersteigerte Reaktionen sind ein Hinweis auf ungelöste Konflikte in einem selbst. Der Umgang mit den Teenagern wird einfacher werden, wenn die Eltern ihre inneren Spannungen erkennen und sich bemühen, sie zu lösen. Der innere Friede, der sich vielleicht daraus ergibt, wird sie dankbar machen dafür, dass es einen Teenager in ihrer Familie gibt!

Viele Eltern haben auch Angst, jegliche Kontrolle über Sohn oder Tochter zu verlieren. Es ist überaus wichtig, diese Angst beim Namen zu nennen, sobald sie auch nur anfänglich auftaucht, und sehr ernsthaft mit ihr umzugehen. Für das Kind waren die Eltern uneingeschränkte Autoritäten, aber den Heranwachsenden können sie nicht mehr einfach beherrschen und leiten. Alle Eltern müssen einen schmerzhaften Prozess durchmachen, bis sie erkennen, dass sie nicht mehr länger die volle Kontrolle über ihre Kinder haben. Aber heißt das, dass sie dann abdanken müssen? Viele Eltern tun das. Wird jedoch die *uneingeschränkte Autorität* in eine *helfende Führung* verwandelt, so ist der Weg in eine neue Beziehung gebahnt. Der Symbolträger der unbeschränkten Machtausübung ist der König. Er muss jetzt notwendigerweise ersetzt werden durch etwas, das eher mit Fürsorge, Unterstützung und Begleitung zu tun hat. Dies wiederum lässt an das Bild eines Hirten denken.

Damit haben wir als Bilderpaar den König und den Hirten. Die Qualitäten eines Königs gehen mit seiner Autorität einher und mit der Macht, diese Autorität, wenn nötig, geltend zu machen. Ein König muss über Wissen und Weisheit verfügen, aber auch stets strenge Selbstdisziplin üben, um sich diese Autorität zu verschaffen und sie vor allem auch zu erhalten. Man schaut zu ihm auf wie zu einem Vorbild. Er muss weise genug sein, sowohl auf seine innere Stimme als auch auf ihm zugetragene Informationen und Meinungen hören zu können. So muss er fähig sein, Entscheidungen zu fällen, ohne sich durch eigene Machtgier oder persönliches Gewinnstreben beeinflussen zu lassen. Ein König muss die Qualitäten eines Philosophen und eines Soldaten, eines Richters und eines Verteidigers, eines Herrschers und eines Dieners in sich vereinen und dabei das Schicksal seines Volkes mittragen. Er muss einsichtig genug sein, das Heranreifen seines Kronprinzen und der anderen Mitglieder seines Königsgeschlechts zu begrüßen und sie bewusst auf die Aufgaben vorzubereiten, die sie in der Zukunft übernehmen werden.

Der königliche Aufgabenbereich umfasst gleichzeitig die Befehlsgewalt und die Freiheit. Das königliche Haupt trägt die Krone als Ausdruck seiner edlen Gesinnung und des Reichtums seiner Gedankenkraft. Der König trägt kostbare Gewänder und lebt in einem Palast.

Ein Hirte nun kennt seinen Grund und Boden und seine Schafe. Für beides hat er ein waches Interesse und fühlt eine tiefe Liebe. Er lebt in Frieden mit sich selbst und verströmt Friedfertigkeit nach allen Seiten. So gedeihen seine Schafe aufs Beste. Er hat stets ein wachsames Auge auf das Wetter und weiß, was er zu jeder Jahreszeit zu tun hat. Er bewahrt seine Schafe vor dem Wolf, der heimlich lauert. Er hegt sie, fühlt mit ihnen und bringt so seine Herzensgüte in alles ein, was er für seine Schafe tut. Seine Kleidung ist handgesponnen, derb und für ein Leben im Freien gemacht. Seine Behausung ist eine Hütte dicht bei den Weiden. Ist es nicht vorstellbar, dass sich Eltern mit einigen dieser Qualitäten identifizieren? Und welche sollten sie nun besonders haben, die des Königs oder die des Schäfers? Obwohl die Eltern idealerweise beide Charakterzüge im richtigen Verhältnis in sich tragen sollten, kann man sagen, dass *Kinder* den königlichen Qualitäten eher im Vater und dem Hirten eher in der Mutter begegnen sollten. Später sollten die Eltern dann beide zu »königlichen Hirten« werden. Der Heranwachsende sucht nach Souveränität und der Fähigkeit zu Selbstkontrolle und Selbsterkenntnis in denen, die seine Vorbilder sein wollen. Er will sich nicht beherrscht fühlen, hält aber Ausschau nach Menschen, die souverän sind und ihm einen gewissen Schutz geben können, ohne ihn seiner Freiheit zu berauben. Das junge Kind braucht klare Anleitung von außen. Es gewinnt Sicherheit aus der Autorität seiner Eltern. Der Heranwachsende hingegen strebt vielmehr nach Anerkennung. Er gedeiht durch die Führung *und das Lob*, das seine Eltern ihm geben. Das ist mit »helfender Führung« gemeint.

Das Dargestellte hat weitreichende Bedeutung für die Neuorientierung der Eltern in diesem Lebensabschnitt der Überfahrt. Das Bild des Königs oder der Königin beinhaltet das Prinzip eines Rechts, das Leben des Untertanen zu bestimmen. Ist das Kind noch jung, haben die Eltern dieses Recht tatsächlich, allerdings im Rahmen der Verantwortung gegenüber dem Göttlichen. Wenn das Kind älter wird, bleibt zwar die Verantwortung der Eltern, aber ein Recht im Hinblick auf dessen Lebensbestimmung darf in dieser Weise nicht mehr in Anspruch genommen werden, sonst wird sich unweigerlich Widerstand geltend machen. Zunächst mögen manche Eltern sich über diese Zurückweisung und den Verlust ihrer Kontrollmöglichkeiten ärgern. Sie können sich dann tatsächlich zuweilen von den Ereignissen überfordert und gleichsam fehl am Platze fühlen. Wie viele machen schwere Zeiten durch, wenn ihr Teenager schroff, aufsässig, neunmalklug, chaotisch und schmuddelig wird und in keiner Weise mehr das wunderbare Kind ist, auf das sie einst so stolz waren. Oh, wer kennt sie nicht, die Popmusik, die Tag und Nacht läuft, die zerzauste Haarpracht, die unmögliche Kleidung, die Jeans, die entweder gebleicht und zerfetzt oder grellbunt bemalt sind. Plötzlich erscheinen alle möglichen Arm- und Fußkettchen, Anhänger, Ohrgehänge, Nasenringe und (um Himmels willen, auch das noch!) *Tätowierungen!* Und all das nach einer Erziehung voll liebender Fürsorge und bester Absichten, dem Beibringen guter Manieren und gepflegten Benehmens, nach Jahren grenzenloser Zuneigung!

Welch eine Erschütterung für den elterlichen Stolz! Denn bislang spiegelten sich im Kind die Qualitäten seiner Kindheit. Da verletzt es einen nun umso mehr, wenn es zu Streitigkeiten kommt. Der Vater spürt, dass sein Sohn nun so schlau geworden ist, dass er in einem Streit besser argumentieren kann als er selbst. Aber was die Eltern am meisten trifft, ist die Tatsache, dass sich Streitgespräche immer an den Gegenständen entzünden, die ihnen so viel bedeuten: ihre religiösen Überzeugungen, ihre politischen Einstellungen, ihr Umgang mit Kunst und Musik. Man gewinnt den Eindruck, dass alles, was von Elternseite her geschätzt wird, eben deshalb zum Gegenstand verletzender Gleichgültigkeit oder sogar erklärter Feindschaft wird. Zeigen sich die Überzeugungen, Standpunkte und Werte der Eltern jetzt nicht als wirklich gefestigt, wird der Jugendliche mehr oder weniger behutsam die Schwachpunkte aufspüren. Auch wenn es nicht zu einer offenen Auseinandersetzung kommt, wird deutlich, dass der Heranwachsende einen Schlussstrich gezogen hat unter die bis dahin nie hinterfragte Treue seiner Eltern zu liebgewordenen Lebenseinstellungen. Und je unsicherer diese sich der tatsächlichen Verbindlichkeit ihrer Überzeugungen sind, desto wirkungsvoller werden solche Attacken sein. Eltern, die ihre Einstellung zu den aufgeworfenen Fragen nicht klar und überzeugend umreißen können, müssen sich auf eine harte Zeit gefasst machen.

Es sind drei Themengebiete, die üblicherweise nicht so gern bei Tisch diskutiert werden und die nun die größte

Herausforderung darstellen, nämlich Religion, Politik und Sex. Selbstverständlich müssen diese Themen offen und frei besprochen werden. Jedes Zurückscheuen vor einer Diskussion könnte ein Zeichen dafür sein, dass die Eltern sich selbst darüber noch keine Meinung gebildet haben. Auffassungen, die zwar seit ihrer eigenen Kindheit existieren, aber nie verinnerlicht wurden, oder das, was sie aus Büchern oder aus Glaubenssätzen ihrer Kirche übernommen haben, gerät nun ins Kreuzfeuer bohrender Fragen oder wird schlichtweg ignoriert. All dies kann die Selbstsicherheit und die Denkweise der Eltern zutiefst erschüttern.

Wenn der Jugendliche aber nun erlebt, dass seine Eltern nicht verbohrt sind, dass sie unaufhörlich bereit sind, ihre Werte neu zu überdenken, und dass sie ihre Anschauung über die drei oben angeführten Themengebiete vertiefen wollen, dann wird er wenig Grund zur Kritik haben. Er wird sich statt dessen ermutigt fühlen, durch konstruktive Fragen eine Annäherung zu finden. Stößt er dann auf ein ehrliches Eingeständnis von Unsicherheit und bestehenden Zweifeln und erlebt er gleichzeitig die Bereitschaft zuzuhören, so wird er mit Interesse, ja Dankbarkeit reagieren, weil er spürt, dass seine Eltern ihre Suche mit ihm teilen wollen.

All dies kann sehr anregend, ja ein Ansporn zu einem Neuanfang für die Eltern werden. Klischees, Dogmen, eingefahrene Denkmuster und gesellschaftlich bedingte Umgangsformen, ungeprüfte Ansichten, Standpunkte, die auf einem unmerklich entstandenen Snobismus beruhen, alles wird unter dem durchdringenden Blick des Teenagers in sich zusammenfallen. Wenn ein Kind geboren wird, haben die Eltern eine Schonfrist von ungefähr zwölf Jahren vor sich, in denen es die Lauterkeit ihrer Überzeugungen und Gewohnheiten nicht in Frage stellen wird. Dann aber tritt die kleinste Unstimmigkeit offen zu Tage. Und doch wird der Teenager die Schwächen seiner Eltern akzeptieren können, wenn diese sie bekennen. Nicht die Vollkommenheit wird den Sieg davontragen, sondern Aufrichtigkeit und angemessenes Verhalten.

Noch einer anderen heftigen Gemütsbewegung werden die Eltern nun ins Auge schauen müssen: ihrer Scham. Der junge Mensch wird den Lebenswandel seiner Eltern nicht nur hinterfragen, er wird vieles auch übernehmen. Und damit schauen die Eltern erneut in einen Spiegel, den der Jugendliche ihnen vorhält, und sie sehen das Abbild ihrer eigenen Gewohnheiten und Schwächen. So kann der eine oder andere Elternteil sich trinken und rauchen sehen. Er wird seinen eigenen schlechten Umgangston hören, er wird sein Abweichen vom eigenen Wunschbild vor Augen haben, seine zweierlei Maßstäbe und seinen eigenen eitlen Ehrgeiz. Das ist sehr unangenehm. Die Eltern können nicht mehr sagen: »Tu, was ich sage.« Sie werden nur Erfolg haben, wenn sie es schaffen zu sagen: »Tu, was ich tue.«

Alles Aufgesetzte, jeder Dünkel, etwas zu sein, was man nicht ist, oder das fraglose Übernehmen fremder Gedanken, das Festhalten an gesellschaftlich relevanten Gewohnheiten wird den Jugendlichen reizen, die Probe aufs Exempel zu machen. Als Heranwachsender fühlt er sich unsicher, weil ihn die ganze neue Welt überwältigt, die sich ihm eröffnet. Deshalb sucht er nach einer Sicherheit in Menschen und in Gedanken, auf die er sich verlassen kann. Und das bedeutet, sie zu prüfen. Zuerst wird er diese Sicherheit bei seinen Eltern suchen. Findet er sie dort nicht, wird seine Enttäuschung grenzenlos sein, und seine Eltern werden sich eingestehen müssen: »Wir sind nicht die Menschen, die er in uns zu finden glaubte.« Auf jeden Fall wird der Teenager sich dann auch anderweitig umsehen. Möglicherweise wird seine Suche erfolgreich sein, aber im Verlauf dieser Neuorientierung wird seine Beziehung zu den Eltern einen deutlichen Bruch erleiden.

Aber auch wenn es eigentlich kein enttäuschendes Erlebnis mit den Eltern gibt, wird der Jugendliche sich von Zeit zu Zeit anderen Menschen zuwenden, um neue Ideen und eine Führung zu suchen. Wenn diesen Menschen dann seine ganze Liebe und Bewunderung gilt, werden die Eltern sich vielleicht zurückgesetzt, ungerecht behandelt und übergangen fühlen in einem Bereich, in dem sie bislang volle Erfüllung fanden. Es ist schmerzhaft für Eltern, wenn ihr Heranwachsender sich aufgrund ihrer Unzulänglichkeit abwendet. Aber die Zuwendung zu anderen Menschen bedeutet keineswegs immer eine Zurückweisung der Eltern. Auch in einem gesunden Milieu ist dies eine natürliche Entwicklung. Der Horizont weitet sich, neue Interessengebiete tun sich auf, und neue Hilfen werden benötigt. Verständnisvolle Eltern können sich gelassen an dieser Entwicklung freuen. Besonders hart kommt es Eltern an, wenn sie aufgrund ihres Alters als überholt gelten. Sohn oder Tochter werden möglicherweise ein jüngeres Bild der Weiblichkeit als das der Mutter suchen oder ein jugendlicheres Männlichkeitsideal als das des Vaters.

Wenn die Kinder enge Beziehungen außerhalb der Familie knüpfen und daran mit Nachdruck festhalten, kann sich eine Mutter vorkommen, als hätte sie nur noch für Nahrung und Wäsche zu sorgen. Die einstige Quelle der Weisheit ist eine unbezahlte Haushaltskraft geworden. Der Sohn kann nun selbst Auto fahren und fährt bald besser als der Vater. Auch weiß er mehr über die Funktionsweise des Wagens. Die Kochkünste der Tochter (sollte sie Lust dazu haben) stellen die der Mutter in den Schatten. Die Heranwachsenden erlangen Fähigkeiten, die die der Eltern möglicherweise tatsächlich übertreffen. Die Eltern müssen sich auf unangenehme Augenblicke gefasst machen, in denen sie erkennen müssen, dass ihr Sohn oder ihre Tochter dies oder jenes besser können als sie selbst.

Darüber hinaus werden die Ferienpläne geändert werden müssen, ja sogar Pläne für einen kleineren Ausflug, einen Waldspaziergang oder die Mithilfe im Garten. Die Jugendlichen lösen sich von der Familie und gehen ihre eigenen Wege. Solange sie noch zu Hause leben, können sie sehr fordernd sein. Sie brauchen alle möglichen Dinge von Papa oder Mama, beispielsweise das Auto oder mehr Taschengeld oder die Erlaubnis für eine Spritztour in fragwürdiger Gesellschaft. Ganz zu schweigen von dem Wunsch nach einem Motorrad! Der Heranwachsende sehnt sich danach, ohne Einschränkungen zu leben, und weiß doch, dass er letztlich noch von seinen Eltern abhängig ist. Solche Situationen bringen die Eltern dazu, die Einstellung zu überdenken, mit der sie dem veränderten Leben ihrer Kinder begegnen wollen.

So ändert sich die Elternrolle, wenn die Kinder zu Teenagern werden. Fürsorge und Erziehung hören zwar noch nicht auf, müssen aber neu ergriffen werden. Die sich entwickelnde Persönlichkeit braucht jetzt mehr Aufmerksamkeit als das physische Wesen. Die Eltern werden mit einem eigenständigen jungen Menschen konfrontiert, der ganz neue Züge, Begabungen, aber auch Schwächen zeigt. Dieses neue Wesen ist noch zart und empfindlich, wenn es sich offenbart, und mag sich anfänglich mit einem Schutzschild von Dreistigkeit, ja sogar Aggression umgeben. Einsichtige Eltern werden durch diese Panzerung hindurchsehen und dem neuen, aufkeimenden Wesen mit Respekt, Anteilnahme und einem mitfühlenden Blick begegnen. In einem Wort: mit Liebe.

Den Kurs halten

Wie können die Eltern sich nun auf das wachsende Freiheitsbedürfnis ihrer Kinder einstellen?

Dafür gibt es keine Patentrezepte. Auf jeden Fall müssen sie sich auf eine turbulente Zeit gefasst machen. Diejenigen, die ihre Einstellung und emotionalen Reaktionen überprüfen, sind bereits auf dem richtigen Weg zur Bewältigung der Situation. Wenn sie ihre Ängste, ihren Groll und ihre Sorgen, aber vor allem ihre Abneigungen erkannt haben und gelernt haben, damit umzugehen, können sie noch mehr bewirken. Über vieles andere muss man sich vielleicht noch Rechenschaft ablegen.

Wie steht es mit der *Liebe*? Die Eltern sollten sich die Frage stellen: »Liebe ich meinen heranwachsenden Sohn oder meine Tochter wirklich bedingungslos?« Erkennen sie dann, dass ihre Liebe abhängt von guten Manieren, erwarteten Antworten, einem Verhalten, das in ihren Augen den bestehenden Normen entspricht, dann ist sie nicht bedingungslos. Ist es möglich, den Jugendlichen auch dann zu lieben, wenn er die vorgelebten Lebensregeln und Wertvorstellungen einfach missachtet oder wenn es dazu kommt, dass er ein schlechtes Licht auf die Familie wirft, so dass Freunde und Bekannte sich negativ über die Erziehung äußern und Bemerkungen über die mangelnde Kontrolle der Eltern machen? Wird die Liebe zu den Kindern unter solchen Erfahrungen leiden? Theoretisch ist es leicht zu sagen: »Natürlich nicht«, aber wird es in der Praxis möglich sein, den Ärger und das Gefühl der Verletztheit hinunterzuschlucken, wenn eines nach dem anderen schief geht? Wird es nicht vielleicht Spannungsmomente geben, in denen man dem Kind an den Kopf wirft: »So kann ich dich nicht lieben!« Oder anders ausgedrückt: »Wenn du bereit bist, das zu tun, was ich fordere, werde ich dich weiterhin lieben.« Wenn solche Dinge gesagt oder auch nur empfunden werden, ist die Bedeutung von Liebe noch nicht wahrhaftig verstanden worden. Liebe ist keine wahre Liebe, wenn sie sich in einer veränderten Situation selbst verändert.

Liebe ist nicht dasselbe wie Gernhaben oder an etwas Gefallen finden. Sie ist die positive Lebenskraft, die dem innersten Wesen des geliebten Menschen Halt und Unterstützung gibt und sein ganzes Sein durchdringt. Man darf kein Pfand für seine Liebe fordern. Sie muss in Freiheit gegeben werden. Und wenn der heranwachsende Sohn oder die Tochter eine Grenze überschritten hat oder in Schwierigkeiten geraten ist, entfaltet die Liebe ihre wahre Bedeutung. Denn jetzt ist sie wichtiger denn je. Erfährt der junge Mensch, der in Not ist, nun keine Liebe, kann dies seinen ganzen Lebensmut vernichten. Die höchsten Augenblicke im Leben erstehen aus Krisen, die in der richtigen Weise bewältigt wurden, und man kann sagen, dass in der Tat die größten Fortschritte im Leben so erzielt werden: Fortschritte in menschlichen Beziehungen und im Verständnis für das Leben schlechthin. Eltern, die nicht wahrhaft lieben und bei falschem Verhalten ihrer Kinder ihre Missbilligung zum Ausdruck bringen, mögen dadurch zwar ihren eigenen Standpunkt sichern, aber die Beziehung zu ihrem Kind wird darunter leiden. Liebende Eltern werden wissen, dass ihr Standpunkt auch ohne große Worte verstanden wird, und die Beziehung zu ihrem Kind wird durch die Erfahrung der gegenseitigen Anteilnahme gefestigt werden.

Mit der Liebe geht das Vertrauen einher. Es ist leicht, dem Vertrauenswürdigen zu vertrauen, das ist wahrhaftig kein großes Verdienst. Die wahre Qualität von Vertrauen zeigt sich aber erst, wenn man einem Menschen Vertrauen schenkt, der einen vielleicht enttäuschen wird. Dann verwandelt sich das Vertrauen in eine Kraft, die einen guten Einfluss auf dessen Absichten und Taten haben kann. Solches Vertrauen dringt in Tiefen des menschlichen Wesens vor, die ihm bis dahin gar nicht zugänglich waren. Das eröffnet ihm so die Möglichkeit, künftig aus dieser tiefen Kraft zu handeln.

Für die Eltern bedeutet das, neben der Kraft der Liebe auch die des Vertrauens zu ihrem Kind in sich zu hinterfragen. Diese Selbstüberprüfung verhilft zur Selbsterkenntnis. Die Botschaft, die die Eltern daraus ziehen können, lautet ungefähr folgendermaßen:

Wenn du dich selbst verstehst, dann wirst du auch den Jugendlichen in deiner Familie verstehen können. Spüre die ungelösten Konflikte in dir auf, deine Unstimmigkeiten, deine Schwächen, deine Wunden. Sei ehrlich zu dir selbst!

Man stelle sich einmal die Frage, ob man mit Sohn oder Tochter ohne innere Barrieren reden kann. Beginnt die Antwort nicht mit: »Ja, aber …« und bringt man es fertig, wirklich zuzuhören, dann kann man sich sagen, dass man auf dem richtigen Weg ist. Der Heranwachsende erwartet nicht, dass seine Eltern gottähnlich sind, aber dass sie ehrlich und mit sich im Reinen sind. Er wird sie lieben, wenn sie ihm einfach zuhören und unkompliziert mit ihm sprechen können und dabei den eigenen und seinen Schwächen offen ins Auge blicken, wenn sie Disziplin in ihrer Lebensführung und in der Bewältigung ihrer täglichen Aufgaben zeigen, wenn sie aufrichtig im Gespräch sind, so dass man weiß, woran man ist. Er wird innerlich beglückt sein, wenn er erlebt, dass die Eltern auch in schwierigen Situationen ihre Zuversicht beibehalten, denn das zeigt ihm, dass sie auf etwas Höheres vertrauen, das auch er sicherlich erreichen wird. Er wird ihre Anpassungsfähigkeit bewundern und mit Erleichterung feststellen, dass sie ganz und gar nicht verbohrt sind. Zwar möchte er nicht viel von ihren Idealen hören, aber diese werden zu ihm sprechen, wenn sie von den

Eltern gelebt werden. Es wird ihn anregen, wenn er erkennt, dass die Eltern eine Anschauung haben, die ihrem Leben Kraft und Richtung gibt, und dass sie bereit sind, dafür Opfer zu bringen. Es wird ihn glücklich machen, wenn er erlebt, dass die Einstellung zu den Mitmenschen nicht von Zynismus geprägt ist. In dem Maße, in dem es gelingt, all diesen Erwartungen zu entsprechen, werden die Eltern auf die Bedürfnisse des Jugendlichen eingehen können und somit seinen Weg ins Erwachsenenleben erleichtern. Umgekehrt wird auch ihr Leben leichter sein.

Es kann den Eltern nur empfohlen werden, nicht überängstlich oder stets voller Ermahnungen zu sein und nicht jeden Schritt der heranwachsenden Kinder zu beobachten. Man muss ihre Privatsphäre und ihre Geheimnisse achten. Man muss nicht an allem, was vor sich geht, teilnehmen. Statt dessen aber sollte man ein warmes Interesse an all dem zeigen, was sie mit einem teilen wollen. Sie möchten einfach nicht alles, was noch so leise und sacht in ihren Gedanken und Gefühlen vor sich geht, offen darlegen. Beispielsweise das erste Verliebtsein, das heißgeliebte Foto. Man sollte sich nicht entsetzt über das schmuddelige Poster eines Popsängers zeigen, auch wenn er nun ganz und gar nicht den eigenen Vorstellungen eines Idols entspricht. Statt sich schockiert zu zeigen, sollte man vielmehr versuchen, auch das, worüber man sich wundert, zu verstehen. So sollte man auch die Musik ertragen, so gut es eben geht.

Vor allem jedoch müssen Sohn oder Tochter die Freiheit haben, Risiken einzugehen und Fehler zu machen. Gleichzeitig darf aber auch nicht gezögert werden, sie darauf aufmerksam zu machen, wo Gefahren lauern, was die eigene Erfahrung einen gelehrt hat und welche Alternativen vorzuschlagen sind. Dabei sollte man stets sachlich bleiben und keine missverständlichen Emotionen mit ins Spiel bringen. Es muss alles einfach auf lange Sicht gesehen werden. Die

Zeitspanne vom 13. bis 19. Lebensjahr ist ein Lebensabschnitt voller Veränderungen. Haben die Jugendlichen den ihnen gemäßen Lebensraum zur Entfaltung, werden sie durch die Schwierigkeiten hindurchkommen, die dieses Alter und der Druck der Gleichaltrigen mit sich bringen. Bleiben dabei die Möglichkeiten zur Verständigung offen, werden sie im Notfall auf die Eltern zurückkommen. Es sollte aber nie versucht werden, sie immer unter Kontrolle zu haben; viel wichtiger ist es, zurückhaltend, aber jederzeit ansprechbar zu sein.

Sicher ist es in diesem Zusammenhang hilfreich, sich daran zu erinnern, wie man selbst mit seinen »altmodischen« Eltern zurechtkam. Was war einem das Wichtigste in diesen aufregenden Jahren der Selbstfindung? So sollte man es hinnehmen, dass die Beziehung zu den Kindern in diesen Jahren selten *sehr gut* ist; die Hauptsache ist, dass sie *gut genug* ist. Wenn etwas schief läuft, suche man in Ruhe den Grund zu verstehen, warum es so kommen konnte, und lerne aus der Erfahrung. Dazu gehört eine ständige Bereitschaft, bereits gefasste Meinungen auch wieder zu ändern. Man überprüfe die eigene Freizeitgestaltung, um zu erkennen, welche Hilfen man selbst vielleicht benötigt und von was man selbst abhängig ist.

Die Kinder werden sogar noch mehr von ihren Eltern verlangen. Dafür müssen diese lernen, auf eine Kraft zu vertrauen, die sie durch diese Zeit leiten wird. Die einzige Möglichkeit, dieses Vertrauen aufzubauen, liegt darin, die Verbindung zum Göttlichen in sich selbst zu stärken. Und das wiederum bedeutet, sich von innen zu festigen.

Mutter und Vater sollten Hand in Hand arbeiten und die Verantwortung für alles, was geschieht, teilen. Durch diese verstärkte Zusammenarbeit wird auch eine Ehe neu belebt werden, und den anderen Kindern wird der daraus erwachsende bewusste Familienzusammenhalt gut tun.

Es ist von größter Wichtigkeit, dass die Eltern in der Diskussion mit heranwachsenden Kindern ein besonderes Augenmerk auf die Persönlichkeit richten, die sich hier entfalten möchte. Das wird der Individualität helfen, sich zu finden. Mit Staunen wird man bemerken, wie viel Festigkeit ein so junger Charakter bereits haben kann.

Ein Schlüsselwort in allen diesen Situationen könnte sein: das *Lob*. Jeder Fortschritt, jede offensichtliche Entwicklung des Jugendlichen sollte mit einem Lob bedacht werden. Selbst Schwierigkeiten und sogar Misserfolge sollten positiv beurteilt werden, denn sie zeichnen den Weg für ein späteres Gelingen. Doch sollte man nicht nur sie loben. Auch selbst sollte man ein anerkennendes Wort von den Kindern annehmen, wenn es sich ergibt.

Hart am Wind

Das Neue Testament enthält große Mysterien und bietet wunderbare Einblicke in die menschliche Seele, die oftmals mit ganz schlichten Worten wiedergegeben werden. So schildert das 2. Kapitel des Lukasevangeliums Jesus als Knaben und gibt dabei die bemerkenswerte Beschreibung eines Ereignisses in seiner Jugendzeit. Jesus war gerade zwölf Jahre alt, als er sich mit seiner Familie zum Passahfest nach Jerusalem begab. Als seine Mutter und sein Vater auf ihrem Heimweg rasteten, sorgten sie sich zunächst noch nicht, als Jesus nicht bei ihnen war. Während des folgenden Tages begannen sie aber in der Reisegruppe nach ihm zu suchen, fanden ihn jedoch nicht. Daraufhin gingen sie nach Jerusalem zurück. Drei Tage lang suchten sie vergeblich nach ihm und fanden ihn schließlich im Tempel, wo er im Gespräch mit den Schriftgelehrten war. Diese gelehrten Menschen waren von seinen Kenntnissen beeindruckt.

Als Maria und Joseph ihn dort fanden, waren sie sichtlich entsetzt, und es kam zu einem Wortwechsel, der uns einiges über die Situation des Heranwachsenden während der Jugendzeit sagen kann. Als seine Mutter ihn sah, rief sie aus: »Mein Kind, warum hast du uns das angetan? Siehe, dein Vater und ich haben dich unter Schmerzen gesucht.« Und er sprach zu ihnen: »Warum habt ihr mich gesucht? Wisst ihr denn nicht, dass ich in meines Vaters Hause sein muss?« (Lk 2,48-49)[*]

Hier erkennen wir einen ganz neuen Standpunkt des Heranwachsenden: plötzliche und vollkommene Unabhängigkeit von den Eltern, verbunden mit etwas, das man beinahe

---

[*] Diese und alle folgenden Stellen aus dem Neuen Testament folgen der Übersetzung von Emil Bock.

als Mangel an innerer Anteilnahme bezeichnen könnte. Aber dies führt zu einer unerwarteten Aufnahmebereitschaft für tiefer gehende Inhalte. Ein Schuldgefühl wegen des Geschehens existiert nicht. Jesus ist eher überrascht, dass sein Verhalten für ungewöhnlich gehalten wird. Er ist von der Richtigkeit seines Vorgehens voll überzeugt, weil er tat, wozu er sich berufen fühlte. Er nimmt die Beziehung zu einer anderen Autorität auf, die er »mein Vater« nennt, dessen Reich er bereiten muss.

Das zu akzeptieren war für seine Eltern alles andere als leicht. Es stellte ihre schützende und anteilnehmende Obhut in Frage, ja, erkannte ihnen diese Aufgabe geradezu ab, da Jesus sich auf einen anderen »Vater« berief: »Wisst ihr denn nicht?«, fragt der junge Mensch.

Der Eintritt in die Zeit der Adoleszenz ist allerdings selten so markant und abrupt. Wenn ein Kind zum Jugendlichen wird, dauert das in der Regel länger als drei Tage. Aber auch nicht viel länger. In der Geschichte von Jesus folgt auf die Begebenheit im Tempel eine zweite Phase der Entwicklung. Jesus verlässt seinen neu gefundenen Platz und seine Gesprächspartner und geht mit seinen Eltern nach Nazareth »hinunter«. Auf den kometenhaften Aufstieg zu geistigen Höhen folgt die Rückkehr in sein irdisches Zuhause.

Von diesem Augenblick an aber hat Jesus zweierlei Zuhause: ein geistiges, in dem er mit seinen geläuterten Gedanken verweilen kann, die zunächst noch ein Geheimnis bleiben mussten, und sein irdisches Zuhause, wo er im häuslichen Rahmen der Familie seine Pflichten gegenüber Eltern und Lehrern wahrnehmen muss. So arbeitet er für gewöhnlich mit seinem Vater und lernt dessen Handwerk oder teilt zaghaft erste Gedanken mit seiner Mutter. Damit hat der Vater einen Gefährten gefunden, und die Fürsorge der Mutter beschränkt sich nicht mehr länger nur auf das Leibliche, sondern sie kann in ihrem Herzen auch all das mittragen, was in der Seele ihres Sohnes heranwächst und aufblüht.

Das Verlangen nach Weisheit und Entfaltung seiner Stärke bleibt in Jesus weiterhin lebendig, aber damit verbunden ist auch die Achtung vor Gott und seinen Mitmenschen, insbesondere vor seinen Eltern. Dies kann als Bild für die Zeit des beginnenden Erwachsenwerdens verstanden werden. Es vollzieht sich die Geburt einer neuen Persönlichkeit, die von nun an ihren Platz neben derjenigen behauptet wird, die einst von den Eltern empfangen, geboren und großgezogen wurde. Ein geistiges Wesen ergreift von dem irdischen Besitz. Die äußeren Zeichen dieser Entwicklung sind ein plötzlich verändertes Bewusstsein und eine innere Öffnung hin zu eigenen Erkenntnissen, ein wachsendes Interesse an den sichtbaren und unsichtbaren Bereichen des Lebens. Dies kommt einer neuen Empfängnis gleich. Das himmlische, ewige und einmalige Geistwesen bezieht seine Wohnstätte in dem Haus, das mit der Hilfe von Eltern, Lehrern und allen anderen Beteiligten gebaut worden ist. Das Kind geht in seinem 13. Lebensjahr *in den Tempel* und wird durch seinen individuellen göttlichen Funken belebt. In solchen Augenblicken betritt es selbst die göttliche Sphäre. Das kann auch geschehen, wenn es beim Anblick von großer Schönheit von Staunen und Bewunderung ergriffen wird: vor einem Sonnenuntergang oder vor einem Wasserfall. Es kann viele solcher Momente geben.

Die erste Seelenbewegung ist das Erstaunen. Das, was sich da in einem Augenblick selbst enthüllt, muss dann wieder aufgegriffen werden, wenn das Kind, das von seinem höheren Wesen berührt wurde, heimkehrt an den Ort seiner Eltern. Jetzt beginnt eine neue Phase. Ganz still wird es von dem göttlichen Element in sich ergriffen und verwandelt. Dieses bereitet es auf sein Schicksal vor und zeigt ihm, was seine Bestimmung sein wird. Äußerlich sichtbar wird diese

Entwicklung an der Art und Weise, wie der Jugendliche nun unabhängig von seinen Eltern seine Ideale und Werte bildet. Er entwickelt dabei auch Fähigkeiten und Begabungen, die nicht durch seine Abstammung erklärt werden können, und setzt sich nach und nach Ziele, diese oder jene Ausbildung oder Lehre zu machen, und sucht den Lebensweg, den er im Laufe der nächsten Jahre gehen wird.

Auf diese Weise kommt das in dem jungen Menschen zum Vorschein, was individuell in ihm veranlagt ist. Es scheint durch das hindurch, was Vererbung und Umwelt an ihm bewirkt haben. Das muss von Eltern und Lehrern akzeptiert werden, und sie sollten es durch eine gute Ausbildung unterstützen und Sorge tragen, dass das wachsende »Ich« in seiner Entwicklung nicht gestört wird (vgl. auch S. 43). Die Tatsache, dass einem hier gleichsam zwei Wesen begegnen – das durch die Vererbung geprägte und das individuelle –, lässt an das Bild eines Kreuzes denken. Dort herrscht eine Harmonie zwischen der Horizontalen – all dem, was mit Veranlagung und Umgebung zu tun hat – und der Vertikalen, die für das eigene höhere Wesen steht, das unmittelbar aus der geistigen Welt kommt. Benutzen wir dieses Bild, wird deutlich, wie der Beginn der Jugendzeit dieses vertikale Element plötzlich gewahr werden lässt, wenn es das Horizontale berührt und sich mit ihm in Beziehung setzt. Die Schwierigkeit in den Jahren des Heranwachsens besteht darin, eine Ausgewogenheit zwischen den beiden Kreuzbalken herzustellen. Im späteren Erwachsenenleben kommt hinzu, dass die gefundene Ausgewogenheit im Auf und Ab einer Partnerschaft beibehalten werden muss. Der horizontale Balken zeigt all das, was verletzbar und anfällig ist und nur einen begrenzten Zeitraum umspannt. Der vertikale Balken aber reicht in die Ewigkeit und bleibt immer unversehrt, strahlend und wahr. Das zeitlich gebundene Element wird durch die Strahlenkraft des zeitlosen, geistigen Elementes lebendig und frei und kann so den Menschen befähigen, seine Lebensbestimmung zu erfüllen. Am Schnittpunkt der beiden Balken ist der Ort des Bewusstseins. Dort betritt der junge Mensch für einen Augenblick die Sphäre des Heiligen und kann die Ewigkeit erfahren. Hier kann er ein Gefühl für das Wahre, Gute und Schöne entwickeln.

Während der Kindheit scheint das geistige Element wie ein Stern auf das Kind. Im Matthäusevangelium wird beschrieben, dass der Stern über dem Haus stehen blieb, in dem Christus geboren wurde. Ihm waren die weisen Könige gefolgt. So hat jedes Kind seinen eigenen Stern, auch wenn wir ihn mit unseren Augen nicht sehen können. Er steht über dem Haus seines irdischen Leibes. Mit Beginn des Erwachsenwerdens dringt der Stern in das Gebäude ein, offenbart seine Weisheit und befähigt das Kind, sich bewusst zu werden, dass es noch einen »anderen« Vater hat. Doch dann kommt die Zeit des Sich-Fügens: In der Zeit des Wachstums von Körper und Geist müssen die beiden Kreuzbalken so in Übereinstimmung gebracht werden, dass keiner den anderen überlagert oder verdrängt.

Die Tatsache, dass so viel Dunkles mit der Pubertät aufgewühlt wird, ist ein Zeichen dafür, dass sich hier wirklich etwas Geistiges abspielt. Die dunklen Kräfte tun ihr Möglichstes, um zu verhindern, dass diese Verbindung auf harmonische Weise vor sich geht. In unserer heutigen Zeit zeigt sich dies vor allem in der Versuchung der Jugendlichen, durch Einnahme von Drogen eine Wahrnehmung der geistigen Welt zu erlangen, die ihnen aber nur Trugbilder vorgaukelt. Das Wunder der Pubertät entfesselt Dunkles und Gefahrvolles, ist aber im Grunde ein Freiwerden *geistiger* Energie.

Mit dem Eintritt in die Pubertät gesellt sich zu dem Bewusstsein objektiver Erfahrungen plötzlich noch ein anderes Bewusstsein, das subjektiv ist. In der Jugendzeit muss man diesem aufsteigenden subjektiven Element begegnen und es von dem objektiven durchdringen lassen. Alles in der Umgebung, das Wetter, die Architektur von Gebäuden, nahe Freunde, alles wird plötzlich in seiner Bedeutung für das Gefühlsleben mit anderen Augen gesehen, schärfer und tiefgründiger. Das Wetter wird für den Jugendlichen zum äußeren Bild eines inneren Seelenzustands. Formen und Strukturen wecken Gefühle von Schönheit oder werden als hässlich empfunden. All dies ist ein Widerschein seiner erwachenden inneren Empfindsamkeit. Freundschaften werden tiefer und intimer, man teilt mit dem anderen und tauscht Gedanken aus. So sucht sich jeder Teenager den »besten« Freund, der gewöhnlich demselben Geschlecht angehört. In diesen Freundschaften kann den Gefühlen freier Lauf gelassen werden. Keinen besten Freund zu haben in der Zeit, in der das Innenleben erwacht, bedeutet eine ernst zu nehmende Entbehrung.

Die Jugendzeit ist eine Zeit der Öffnung, aber auch des Rückzugs, eine Zeit voll neuer Kraft, aber auch voller Scheu. Die Liebe zum Schönen besteht neben der Faszination, die das Hässliche ausübt; die Suche nach Werten steht neben der heftigen Ablehnung bestehender Ordnungsprinzipien. Die gierige Aufnahmebereitschaft für intellektuelle Inhalte birgt gleichzeitig die Gefahr, durch Drogen oder Alkohol gelähmt zu werden. Der junge Mensch schafft sich Ideale, wird aber auch zynisch. Er hat das Bedürfnis, ernst genommen zu werden, kann aber zunächst noch nicht einmal seinem eigenen Wert vertrauen. Er sucht die Unabhängigkeit und weiß gleichzeitig, dass er Unterstützung braucht. Zwar weist er die Autorität seiner Eltern zurück, sehnt sich aber nach ihrer Anerkennung. Die gewohnte Ordnung und der Rhythmus seines bisherigen Lebens geraten in Chaos und Unordnung.

Während der Jugendliche spürt, dass geistige Kräfte an ihm arbeiten, sucht er das Wahre und Reine in seinen Beziehungen und beginnt doch, seine Sexualität zu erkunden. Er möchte die Welt in Ordnung bringen und zerstört in seinem Eifer dabei oft das bestehende Gute. Wie gern würde er auf einer Stufe mit den Erwachsenen leben und fühlt doch, dass er noch nicht reif dazu ist. Er sucht nach einem Halt im Leben, verwirft aber die Religion. Mit seiner Kritik kann er andere sehr verletzen, ist aber selbst am Boden zerstört, wenn ihm keine Anerkennung gezollt wird. Fortwährend fordert er von seinen Eltern, ihn frei zu lassen, wäre aber doch ohne ihre Unterstützung verloren. Er sehnt sich danach, Selbstbestätigung zu finden, fühlt sich aber zu klein dazu in einer Welt, die plötzlich rings um ihn so groß geworden ist. Er lebt sein eigenes Leben, das dem seiner Eltern oft völlig zuwiderläuft, möchte aber trotzdem von ihnen verstanden werden.

Richtiges Lesen der Karten

Jede menschliche Entwicklung spielt sich auf drei Ebenen ab, von denen jede zwar für sich existiert, die aber doch ineinandergreifen. Sie betreffen das körperliche Wachstum, die Reifung der Seele oder der Persönlichkeit und die Entfaltung des Geistes. Die Jugend ist eine Zeit intensivster Entwicklung in allen drei Bereichen. Die Veränderungen, die sich an Körper, Seele und Geist eines jungen Menschen während dieser Jahre zeigen, geben Zeugnis von der Geburt seines Selbst. Dieses neue »Selbst-Bewusstsein« weckt das Zusammenwirken dieser drei Bereiche. Indem der Körper wächst und sich verändert, wird er zum Instrument oder auch zum Gefäß der Seele, die ihrerseits Kräfte entwickelt, die vom Geist genutzt werden können. Der Geist schließlich ist die ewig-göttliche Wesenheit, die Seele und Leib durchdringt. Dieser zarte und empfindsame Vorgang kann durch das Befinden von Körper und Seele begünstigt, aber auch behindert werden. Die Art und Weise der Ernährung, der Rhythmus des Tageslaufes wie auch das kulturelle Milieu haben Einfluss auf die »Feineinstellung« des Körpers als Instrument. Das wiederum betrifft die Art und Weise, wie die Seelenkräfte Denken, Fühlen und Wollen darin wirksam werden und auf die noch feineren und subtileren Anregungen, Inspirationen und Impulse des individuellen Geistes reagieren können.

Das Wesensbild des Menschen kann hier nur ganz allgemein skizziert werden. Jeder wird seinen eigenen Weg durch die Zeit des Heranwachsens gehen. Für einige mag es eine gemütliche Fahrt sein, während andere mit heftigen Böen zu kämpfen haben werden.

Der Weg ist in gewisser Weise willkürlich, wenngleich die

Stufenfolge von Jahr zu Jahr vorgegeben ist. Einige junge Menschen werden schneller vorankommen als andere, aber man kann mit Sicherheit sagen, dass sie alle demselben Kurs folgen.

Das dreizehnte Lebensjahr

Im ersten Jahr seiner Jugendzeit beginnt der junge Mensch sich nach innen zu wenden und hin und wieder eine gleichsam in sich abgeschlossene Welt zu betreten. Dann aber wieder sucht er einen Ausgleich hierzu und gibt sich mit größtem Interesse seiner Umgebung hin. Dabei zeigt er eine enorme Wissbegierde und eine bewundernswerte Energie, in Aufgaben hineinzuwachsen, die ihn ansprechen. In ihm wirken innen und außen so zusammen, dass alles Äußere seine Bedeutung nur insoweit bekommt, wie es das Innere versorgt und erweitert. Der Mensch, der eben seine Kindheit verlassen hat, wird nachdenklich. Seine Taten werden bewusster. Die Sehnsucht nach Unabhängigkeit und Einsamkeit wird immer größer. Damit einhergehen kann eine Verlegenheit über jede Art von Sentimentalität, ein Zurückscheuen vor Zuneigungsbezeugungen, zum Beispiel von seiten seiner Eltern, so, als wolle er sagen: »Rührt mich nicht an, ich bin noch nicht fest in mir selbst.« Er hat erst gerade begonnen zu lernen, wie er mit sich selbst klarkommen kann, und ist noch sehr unsicher.

Dem Verinnerlichungsprozess liegt das Bewusstsein für die Veränderungen des eigenen Körpers zugrunde. Erste Erfahrungen mit Erektion und Menstruation deuten in aller Stille auf die erwachenden Kräfte hin, die ein großes Geheimnis und weitreichende Folgen bergen. Die Peinlichkeit, die Beunruhigung und das Bedürfnis, über all dies nachzudenken, bringt eine Umwälzung der tiefsten Persönlichkeitsschichten mit sich und drängt den jungen Menschen, den Schutz der Einsamkeit zu suchen. Gleichzeitig aber sehnt er sich nach Möglichkeiten, sich auszusprechen und über das zu reden, was ihn umtreibt.

Die Eltern werden den Heranwachsenden mit einem Mal als launisch, ungeduldig, verschlossen und schwer zugänglich erleben. Und weil sie ihn so nicht kennen, werden sie zunächst nicht wissen, wie sie damit umgehen sollen. Sie machen vielleicht Bemerkungen, durch die sich der junge Mensch noch mehr in sich zurückzieht. Die Eltern müssen jetzt aber zeigen, dass sie volles Verständnis für das haben, was hier geschieht, und sie sollten den neuen empfindlichen Zug an ihrem Jugendlichen respektieren. Wenn sie es fertigbringen, ihm ihre Achtung zu zeigen, werden sie ihm am besten helfen. Denn das wird in ihm das Vertrauen wecken, dass er seine Gefühle und Gedanken mit ihnen teilen kann.

Das vierzehnte Lebensjahr

Im weiteren Verlauf des Erwachsenwerdens folgt nun ein etwas glücklicherer Zeitabschnitt. Das Nach-innen-Gehen hat seine Wirkung getan; der junge Mensch fühlt sich nun weit mehr in der Lage, der Welt zu begegnen und an ihr teilzuhaben. Seine einstige Verletzbarkeit hat sich in eine größere Widerstandsfähigkeit gewandelt. Auch das körperliche Wachstum und die sexuelle Entwicklung verlaufen gut. Der sexuelle Aspekt verliert etwas von seiner Unheimlichkeit durch die Tatsache, dass die jungen Menschen sich weiter in ihre weibliche oder männliche Identität hineingefunden und die damit verbundenen Körperfunktionen zu akzeptieren gelernt haben.

Im Allgemeinen ist der junge Mensch in diesem Entwicklungsstadium gern der, der er ist. Es ist eine Zeit voller Freude und Gelächter in der Gruppe, und alles in allem ist die Gemütslage viel entspannter. Da der junge Mensch weniger angespannt und empfindlich ist, kann er nun auch an Diskussionen, ja an richtigen Streitgesprächen Spaß haben, weil er seine zunehmende Denkfähigkeit genießt. Er kann nun analysieren, abwägen, die unterschiedlichen Standpunkte einer Aussage sehen und zu einem intellektuell befriedigenden Schluss kommen. Dazu kommen sein Ideenreichtum und eine bessere Ausdrucksfähigkeit. Das Kind verschwindet immer mehr. Bei den Jungen senkt sich die Stimme, und die Gesichtszüge ändern sich. Mit anderen Worten, ein Zwischenstadium ist erreicht. Die Mädchen entwickeln weibliche Formen und lassen leise ahnen, wie sie später einmal aussehen werden.

Es ist eine Zeit voller Optimismus. Sowohl Jungen als auch Mädchen sehen in der Ehe eine gute Einrichtung für ihr künftiges Leben, wenn die Zeit reif ist und der rechte Partner kommt, wobei sie sich letzteren eher als liebenswürdig denn aufregend vorstellen. Der junge Mensch verlangt in dieser Phase verstärkt nach persönlicher Anleitung, denn er wird sich seiner Individualität bewusst. Wenn man ihm gegenübertritt (auch durchaus kritisch), so wird er nun nicht sofort entmutigt sein, denn er erkennt unberechtigte Kritik als solche, und diese fordert seine intellektuellen Fähigkeiten zur Argumentation heraus. Jede Fähigkeit offenbart sich jetzt von selbst. Man kann deutlich spüren, wie sich die Persönlichkeit mehr und mehr festigt. Er oder sie fällt nun Urteile über das, was gut oder schön ist, und das Auftreten eines moralischen Sinnes und eines ästhetischen Gefühls gibt dem Seelenleben eine neue Substanz. Die Eltern tun in dieser Zeit gut daran, ihrem Heranwachsenden in größerem Maße Verantwortung zu übertragen, aber sie müssen dabei auf der Hut sein, dass sie ihn nicht überfordern.

Trotz der im Allgemeinen harmonischen Atmosphäre dieses Lebensalters sollten die Eltern darauf achten, dass ihr Sohn oder ihre Tochter Anschluss bei Kameraden findet. Die Gruppe um einen Jungen ist eher groß, ein Mädchen jedoch braucht ein, zwei oder drei enge Freundinnen, mit denen sie ihre Gefühle und Beobachtungen in nicht enden wollenden Gesprächen teilen kann. Im Anschluss an die Zeit, die bereits in der Schule in den Unterrichtspausen gemeinsam verbracht wurde, werden allabendlich lange Telefonate geführt, in denen mit gedämpfter Stimme alle Ereignisse des Tages noch einmal durchgesprochen und bewertet werden.

Eltern können Anlass zur Sorge haben, wenn ihr vierzehnjähriger Sohn nicht zu einer Gruppe von Kameraden gehört oder wenn ihre Tochter keine richtige Freundin hat. Ein Umzug der Familie in eine andere Gegend kann ein Mädchen in ernst zu nehmende seelische Nöte bringen, wenn sie von einem auf den anderen Tag von dem engen Kontakt mit ihrem kleinen Kreis intimer Freundinnen abgeschnitten wird.

Wenn dem anfänglichen Rückzug in die eigene Innenwelt mit dreizehn Jahren nicht innerhalb eines Jahres eine freudige Öffnung nach außen folgt, müssen die Eltern das Selbstbewusstsein ihres Jugendlichen besonders unterstützen. Denn in diesem Alter – wie im Übrigen in jedem anderen auch – ist die Selbsteinschätzung zum größten Teil abhängig davon, was Menschen, die einem wichtig sind, über einen denken. Daher kann die Achtung, die die Eltern ihrem Kind in früher Jugendzeit entgegenbringen, ihm helfen, ein Selbstwertgefühl aufzubauen. Es muss dabei nicht viel *geredet* werden: Was die Eltern fühlen, wird übermittelt werden. Aber hin und wieder sollte man es doch zum Ausdruck bringen: »Wir schätzen alles an dir!« Im Alter von vierzehn Jahren vollzieht sich auch die Schwelle vom zweiten ins dritte Lebensjahrsiebt. Darauf wird später noch eingegangen werden.

39

Das fünfzehnte Lebensjahr

Wir erreichen nun die Mitte der Jugendzeit, das Alter von fünfzehn Jahren. Die wertvollste Seelenkraft, das *Fühlen* bahnt sich in einem Ausbruch von Überschwänglichkeit einen Weg ins Leben des Jugendlichen. Wenn es zum Leben erwacht, kann es »jedem Tag eine melancholische Grundstimmung verleihen«[*] – keine Traurigkeit oder Mutlosigkeit, sondern ein Gefühl des Abgetrenntseins und ein Widerstreben, dasjenige in Worte zu fassen, was sich erst leise und tastend in einem regt. Es ist nicht mehr so sehr die Entdeckung des eigenen subjektiven Empfindens als vielmehr der Wunsch, sich einer neuen Entdeckung im eigenen Selbst bewusst zu werden: dem Herzen. Das ist, als hätte man eine grandiose Landschaft vor sich liegen und würde dann zu sich sagen: »Da, sieh sie dir an. Wie wundervoll und atemberaubend schön ist das!« Und dann holt man tief Luft und nimmt die ganze Atmosphäre, die durch diesen Anblick entsteht, in sich auf. Man atmet gleichsam mit dem leisen Luftzug, mit der Brise, dem Duft, den wechselnden Wolkenformen und mit den Erhebungen der Höhenzüge und Vertiefungen der Talsenken. Sie raunen einem wispernde Worte zu, aber es ist das innere Bild der Seele, das zu einem spricht: Das Fühlen regt sich. Auch die innere Seelenlandschaft zeigt ihre Formen, Farben und ihre sanften Bewegungen: »Das innere Auge erwacht, und das Herz liegt offen da.« Man möchte sagen: »Bittet mich jetzt nicht, etwas zu sagen, seid still um mich herum, lasst mich mit meinen Gedanken allein. Ich will euch nicht sagen, warum ich nicht kann und auch nicht will. Alles ist noch so neu für mich, dass es ganz still bei mir bleiben muss.«

Das Aufleben der Seelenkraft des Fühlens bewirkt eine

[*] Dieses und die folgenden Zitate stammen aus: *The burried Life* von Matthew Arnold.

Reifung. Das Fühlen hat nicht mit »den Gefühlen« zu tun, die dem Bereich der Emotionen angehören. Das Fühlen ist ein Stiefkind zwischen seinen fordernden Geschwistern Denken und Wollen. Es kann nur schwer in Begriffe gefasst werden. Durch Poesie, Musik und Kunst kann im Ansatz eine Idee von dem erahnt werden, was tief drinnen als Erfahrung lebt. Sehr selten kommt es vor, dass etwas aus dem tiefsten Innern eines Menschen so zum Ausdruck kommt:

>»Oh, wie gut es tut, wenn wir –
Und sei es nur für einen Moment –
Unser Herz freilassen können und das Schloss von
Unseren Lippen lösen.
Denn dass sie versiegelt sind,
Ist Gebot höchster Stelle.«

Bei Fünfzehnjährigen kann man noch nicht von Liebe sprechen, aber das Herz bereitet sich gewiss darauf vor. Das kann zu inneren Spannungen führen. Das Fühlen möchte sich ausdehnen und sucht nach Ausdrucksmöglichkeiten, während das Denken bislang nur ein begrenztes Selbstvertrauen geweckt hat. Doch manchmal, wenn beide Kräfte zusammenwirken, zeigt der junge Mensch eine erstaunliche Einsicht und viel Verständnis für andere. Doch das kann ihm Schmerzen bereiten. Denn, was er mit dem Denken erfasst, wendet sein Fühlen nach innen, und dann leidet er, wenn er andere leiden sieht. Es ist ein erstes Aufkommen des Mitleids. So ist es qualvoll für ihn, wenn er spürt, dass es Konfliktpunkte in der Partnerschaft seiner Eltern gibt.

Trotz dieser eben erwachten Feinfühligkeit wird er versuchen, seine Gefühle durch Barschheit, ja Härte zu überspielen. Sein Zuhause kann für ihn ein Ort ständigen Ärgers werden: denn dort fühlt er sich eingeschränkt und in Grenzen gepresst, die ganz und gar nicht zu den Tagträumen passen, die seine Vorstellungen beflügeln. Er wird sich auf sein Zimmer zurückziehen, wenn er einen Ort braucht, wo er für sich allein sein kann. Oder er wird den Großteil seiner Zeit bei den verschiedensten Aktivitäten in der Schule verbringen, wenn dort solche angeboten werden. Er muss seiner Mutter ein für alle Mal klarmachen, dass er kein kleines Kind mehr ist. Er träumt zwar davon, weit weg von zu Hause zu sein, weiß aber, dass er noch nicht so weit ist, das beschützende Heim und die Eltern zu verlassen. Aber nicht nur seine Vorstellungskraft blüht auf. Er hat die Sehnsucht, ja das Bedürfnis, aktiver zu sein. Der Sohn wird zwar nur unwillig irgendwelche Pflichten im Haushalt übernehmen, ergibt sich aber die Notwendigkeit zu handwerklicher Betätigung, dann wird er nichts lieber tun, als mit dem Vater oder dem älteren Bruder zusammenzuarbeiten. Er kann sich am besten verständigen, wenn er mit einem anderen zusammen tätig ist, der sich mit dem gleichen Interessengebiet beschäftigt. Das ist leichter für ihn als das Gespräch von Angesicht zu Angesicht, vor allem mit seinen Eltern.

Ein Mädchen dieses Alters wird sich daheim gern beim Kochen und Backen für besondere Anlässe nützlich machen, sie wird aber andererseits auch so oft wie möglich ausgehen. Sie wird eine Vorliebe für ältere Jungen entwickeln (besonders für die *mit Auto!*) und wird den Wunsch äußern, sich auch an Wochenenden mit »der Clique« zu amüsieren. Sowohl Jungen als auch Mädchen möchten möglichst viel mit »der Clique« zusammen sein, und die Faszination des Neuen wird gelegentlich dazu führen, dass sie sich auf Parties betrinken. Bis zu einem gewissen Grad werden nun auch erste sexuelle Erfahrungen gemacht. Was passiert und wie weit es geht, hängt von verschiedenen Faktoren ab, wie Langeweile und dem Einfluss älterer Jugendlicher, aber auch von den Einflüssen passiver Unterhaltung wie Fernsehen und Videos. Die Eltern können dies wahrscheinlich erspüren. Es tut gut, solche Erlebnisse mit jemandem besprechen zu können. So wird vielleicht die ältere Schwester zur engsten Vertrauten des fünfzehnjährigen Mädchens. Sie kann viel dazu beitragen, dass die jüngere Schwester kein Risiko eingeht. Die Mädchen werden jetzt viel Zeit auf ihr Make-up verwenden, um die älteren Jungen (mit Auto!) zu beeindrucken, während andererseits Jungen dieses Alters sich immer noch in der Phase befinden, eine Haltung großer Gleichgültigkeit zur Schau zu tragen, indem sie sich so schlampig wie möglich anziehen.

Die Langeweile kann in diesem Zwischenstadium zu einem wirklichen Problem werden, wenn dem Jugendlichen nichts wert erscheint, in Angriff genommen zu werden. Diese Phase (die vorübergehen wird!) sollte nicht als schlechtes Benehmen oder Faulheit missverstanden werden. Natürlich sieht es so aus, es hat aber tiefere Gründe. Der Jugendliche wächst körperlich in dieser Zeit sehr schnell, und dieser Prozess beansprucht seine ganze innere Kraft und Ausdauer. Es ist eine Zeit des Umbruchs, die nicht leicht zu bewältigen ist. Das Ich hat noch nicht die Kraft, die Glieder zu durchdringen, und so wirkt der ganze Leib ein wenig unorganisiert. Es dauert eine Weile, bis die veränderte Gestalt von der inneren Führungskraft des Ich völlig ergriffen ist. Dieses neue »Sich-Zurechtfinden« ist recht schwierig, weil mit dem mangelnden Unternehmungsgeist auch eine ziemliche Launenhaftigkeit verbunden ist. Da scheint Musik mit einem schweren Rhythmus (und seichtem Inhalt!) das Unbehagen dieses Lebensabschnittes lindern zu helfen. Aber das kann leicht zur Sucht werden. Die Eltern sollten ja nicht meinen, dass fünfzehn ein einfaches Alter sei!

Die Verständigung mit den Eltern oder Erziehungsberechtigten kann so schwierig werden, dass die Sehnsucht auszubrechen unwiderstehlich wird. Das äußert sich dann in schlechtem Betragen, Misstrauen oder in tatsächlichem Ausreißen. Wir mussten diese Erfahrung mit unserer ältesten Tochter machen. Sie war fünfzehn, als sie aus dem Internat davonlief, zusammen mit einem anderen Mädchen, das nicht einmal ihre beste Freundin war. Wir hatten keine Ahnung, wohin. Nach eineinhalb Tagen voller Angst und Sorge verständigte uns eine 700 km entfernte Polizeidienststelle. Freunde von uns erboten sich, sie von dort abzuholen, weil gerade an diesem Tag unser jüngster Sohn wegen einer Knochenentzündung operiert werden sollte. Unsere Tochter kam zurück, und wir hießen sie herzlich willkommen. Es gab überhaupt keine großen Szenen. Nach und nach erzählte sie, was sich ereignet hatte, selbst die kalten Nächte im Polizeigewahrsam ließ sie nicht aus. Erst Jahre später erfuhren wir von ihr, dass das Schlimmste für sie gewesen war, dass sie uns gerade zu der Zeit in Angst und Schrecken versetzt hatte, als wir voller Sorge um ihren kleinen Bruder gewesen waren. Da konnten wir ihr dann auch von unseren wahren Ängsten aus dieser Zeit erzählen, aber auch davon, dass wir auf ihren Schutzengel vertraut hatten.

Dieser Ausbruch war typisch für das Alter von fünfzehn; manchmal braucht es eben ein kleines Drama. Das kann aus unüberlegtem Handeln entstehen und sich nur in schlechtem Benehmen äußern oder aber große Sorgen verursachen. Im Augenblick des Geschehens ist es sehr ernst gemeint, aber später wird der junge Mensch vielleicht lächeln über die Verwegenheit, die er da zur Schau getragen hat. Das Ausreißen unserer Tochter war eine Geste der Emanzipation, und es war keine Wiederholung nötig. Das Ziel ist die Freiheit, aber der erste Schritt tut weh.

Eltern müssen genügend Kontakt zu ihren Jugendlichen haben, um zu sehen, wann es an der Zeit ist, einzugreifen und Grenzen zu setzen. Diese Grenzen müssen dann auch verbindlich gelten. Eine konsequente Haltung wird von den jungen Menschen weit mehr respektiert als eine widersprüchliche und gibt ihnen zudem eine Sicherheit. Der innere Kampf zwischen Zuneigung und Abneigung verursacht eine Verwirrung, die noch schlimmer wird, wenn diese Sicherheit nicht von außen durch feste Richtlinien gegeben wird. Das Ringen in diesem Alter führt zu einem vertieften Selbstbewusstsein. Es ist ein Reifeprozess, der viel Chaos stiftet. Das innere Spannungsverhältnis zwischen dem Denken, das selbstkritisch werden lässt, und dem Fühlen, das gleichzeitig so verletzlich macht, ist der Grund für eine Desorientierung, die in der Schule zu Leistungsabfall und zu Disziplinlosigkeit führen kann. Das mag so manchen Lehrer enttäuschen. Der Leistungsabfall kann jedoch vorübergehend sein und von dieser inneren Anspannung herrühren, die etwas gelöst werden kann, wenn es dem Lehrer gelingt, das Interesse des Schülers wach zu halten. Ein plötzlicher Leistungsabfall kann aber auch darauf hinweisen, dass irgendetwas im Leben des jungen Menschen vor sich geht, das genauer hinterfragt werden sollte. Ein erfahrener Lehrer wird, nach Rücksprache mit den Eltern, sicher unterscheiden können, welche der beiden Ursachen hier vorliegt.

Die Altersgruppe der Fünfzehnjährigen wird im Allgemeinen von den Lehrern nicht so sehr geliebt! Und doch können die jungen Menschen Hilfe und Unterstützung finden, wenn in der Schule die Themengebiete durch eine neue Art des Lernens erfasst werden, die das Interesse an der Welt weckt. Zugleich sollten dem Heranwachsenden Inhalte moralischer und ethischer Natur nahegebracht werden, die sich ihm durch den thematischen Stoff hindurch gleichsam selbst offenbaren. Wenn dies gelingt, so wird das Verlangen nach dem Sinn gestillt, und der Wille der Schüler wird in positive Bahnen gelenkt. Geschieht dies nicht, werden die Schüler bald keine Lust mehr auf die Schule haben und nach Möglichkeiten suchen, vorzeitig abzugehen. Und die Abgänger

sind dann bestimmt gerade diejenigen, die eine verständnisvolle Anleitung am nötigsten gebraucht hätten.

Was dem jungen Menschen im Bereich seines Gefühlsle-
bens begegnet, kann entweder wunderbar oder furchtbar
sein. Er lernt sowohl die dunklen wie auch die lichten Seiten
des Lebens kennen und ist unangenehmen Erlebnissen ausgesetzt, auf die er sehr heftig reagieren kann.

Es ist dies das Alter, in dem der Jugendliche leicht ausbre-
chen und gewalttätig werden kann. In diesem Fall wendet
sich die Selbstkritik und das Gefühl der eigenen Unzulänglichkeit gegen die Umwelt. Wenn er als Kind keine Liebe
erfahren hat, wird er seine wachsende Unabhängigkeit dazu
benutzen, der Welt zu beweisen, dass er keine Zuneigung
braucht. Er verdrängt die aufkeimenden Gefühlsregungen in
seinem Innern. Er kann den Gedanken nicht ertragen, seine
Abwehr gegen eine Umwelt aufzugeben, von der er weiß,
dass sie keine Zeit für ihn hat. Sein Problem besteht darin,
dass er der Freundlichkeit, die ihm von anderen entgegenge-
bracht wird, nicht vertrauen kann. Jeder Zuneigungsbeweis
wird einer strengen Prüfung unterzogen, um sicherzustel-
len, dass er ernst gemeint ist. Und diese Prüfungen sind
schwer zu bestehen. Der durch vielerlei Entbehrung miss-
trauisch und schwierig gewordene junge Mensch kann sehr
hart sein, und so wird seinem strengen Test nur jemand
standhalten, der hinter den äußeren Schwierigkeiten »das
Wesen des Menschen« sieht und diesem in positiver Weise
begegnen kann. Spürt der junge Mensch diesen verständnisvollen Blick, so wird er möglicherweise dem anderen neu
vertrauen lernen. Dieses Vertrauen kann sich dann auch auf
andere übertragen und so allmählich eine Öffnung der Welt
gegenüber bewirken, die er ursprünglich bekämpfen zu
müssen glaubte.

Hat er ein Grundvertrauen anderen Menschen gegenüber,
so ist dies eine große Hilfe für den Jugendlichen im fünf-

zehnten Lebensjahr. Es muss schon zu einem sehr frühen Zeitpunkt im Leben in ihm verankert und dann die Kindheit über gepflegt werden. Ob es Bestand hat, wird sich dann in dieser Altersstufe erweisen, wenn der Jugendliche empfindlich und unsicher wird. Fühlt er genug Selbstvertrauen, auf die leisen Regungen seiner Seele zu lauschen, können ihm darin die Geheimnisse von Schönheit und Liebe offenbar werden.

Ein Bewusstsein seiner selbst leuchtet dann zum ersten Mal auf. Eine Zeitlang wird er dieses Gefühl in sich verschlossen halten: Es scheut gleichsam das Tageslicht. Auch äußerlich verdecken die Jugendlichen jetzt oft ihre Schönheit durch nachlässige Kleidung und ungepflegte Haare. Sie tun so, als interessiere es sie überhaupt nicht, wie sie auf andere wirken. Ein Mädchen wird den größten Spaß daran haben, ihre Eltern, Lehrer und andere spießige Erwachsene mit allen möglichen Einfällen zu »schockieren«. Dabei ist das Innere zart und empfindsam; es braucht einen Schutzwall. Niemand sollte versuchen, diesen zu durchbrechen, denn das kann eine Wunde schlagen, die nur sehr langsam, wenn überhaupt verheilt.

Das sechzehnte Lebensjahr

Während ein fünfzehnjähriger Jugendlicher seiner Umwelt klarmachen muss, dass er kein Kind mehr ist, ist im sechzehnten Lebensjahr der Kampf um Anerkennung durch die Erwachsenen im Allgemeinen dann recht schnell beendet. Eltern, Lehrer und andere Erwachsene zollen ihm jetzt instinktiv Respekt. Es begegnet ihnen eine eigenständige Persönlichkeit, die bereits weitgehend in sich gefestigt ist. Die Eltern finden es nun ganz angemessen, mit ihrem Sechzehnjährigen als mit einem gleichgestellten Partner umzugehen.

Die Eltern-Kind-Beziehung wandelt sich in solch kostbaren Augenblicken in ein Verhältnis von Erwachsenen untereinander. Der Grund dafür ist, dass die Reizbarkeit, Empfindlichkeit und Unsicherheit des Fünfzehnjährigen einer größeren inneren Ordnung und Festigkeit und einem offensichtlichen Selbstvertrauen gewichen sind.

Das ist der Idealzustand, besonders wenn die »kostbaren Augenblicke« sich mehren oder zur Regel werden. Der Sechzehnjährige beginnt nun, die Sensibilität, die er in seinem fünfzehnten Lebensjahr innerlich erfahren hat, zu wandeln in eine Hinwendung zu anderen Menschen, indem er seine Schutzwälle Stück für Stück abbaut. Es ist gut, wenn seine nächste Umgebung in diesen Prozess mit einbezogen werden kann, aber es geschieht nun häufig, dass gerade diese Menschen in ihm immer noch den sehen, der er war, und nicht den, der er jetzt ist. Wir neigen dazu, uns ein Bild voneinander zu machen, das nicht immer beweglich genug ist, um beispielsweise mit dem sich so schnell ändernden Wesen eines Sechzehnjährigen Schritt zu halten. So etwas kann den Jugendlichen stark hemmen, zumal er gern so gesehen werden möchte, wie er *jetzt* ist (was in drei Monaten schon wieder völlig anders sein kann). Dabei mag auch eine Unentschlossenheit der Eltern eine Rolle spielen, die ihren Sechzehnjährigen zuweilen als gleichgestellt betrachten, dann aber auch wieder Schwierigkeiten haben, die ständigen Veränderungen mit einzubeziehen. Der Wunsch des Jugendlichen, für das genommen zu werden, was er ist, lässt in ihm ein Verständnis für das Recht anderer Menschen entstehen, eben auch so akzeptiert zu werden, wie sie sind. Ja, seine Toleranz wird sogar so weit wachsen, dass er auch sich selbst annehmen kann. Das Gefühl, etwas durchzumachen, sich zu entwickeln und doch noch nicht angekommen zu sein, ist in Wirklichkeit die Erfahrung stark wirksamer Wachstumskräfte.

Die Verinnerlichung des Fühlens, die mit fünfzehn so dramatische Ausmaße angenommen hatte, spielt jetzt keine so große Rolle mehr. Eine gewisse Empfindlichkeit ist immer noch vorhanden, ermöglicht jetzt aber eine neue Offenheit und den Blick für die Außenwelt. Der sechzehnjährige Jugendliche interessiert sich für andere, wird sich ihrer bewusst und ist viel toleranter. Immer seltener will er mit spöttischen oder schlauen Bemerkungen das letzte Wort behalten. Seine Urteilsfähigkeit ist ausgewogener, und er wird sich allmählich der Spannweite möglicher Entscheidungen bewusst. Daher wird es ihm verständlich, dass andere unter Umständen anders entscheiden als er selbst. Das ist ein ganz wesentlicher Durchbruch auf dem Gebiet des sozialen Umgangs mit anderen Menschen. Mit der Einsicht in die Vielfalt von Entscheidungsmöglichkeiten beginnt der Sechzehnjährige sich auch über die Folgen klar zu werden, die sich aus einer möglichen Fehlentscheidung für ihn ergeben. So wird er sich allmählich eigene Wertmaßstäbe schaffen. Während Experimente um der Erfahrung willen gemacht werden müssen, kann der junge Mensch nun abschätzen, was auf ihn zukommt, wenn er so oder so verfährt. Der Sohn oder die Tochter sagen dann gern zu ihren Eltern: »Macht euch keine Sorgen, mir passiert schon nichts«, und sie wissen, dass dies bedeutet: »Was auch immer ich tue, ich werde die Suppe auslöffeln müssen, die ich mir dabei einbrocke, auch wenn ich bis an mein Lebensende damit beschäftigt bin. Deshalb bin ich vorsichtig. In jedem Fall werde ich nur mir selbst die Schuld zuweisen können.«

Ein Mensch von sechzehn Jahren kann einsehen, dass ein vermeintlicher momentaner Genuss sich nicht lohnt, wenn man sich damit ein größeres und wahrhaftigeres Glück im späteren Leben verspielt. Er wird nun mit Versuchungen wie Rauchen, Alkohol, Sex und Drogen (wie den anfänglich »nur gelegentlichen« oder »ganz harmlosen« Trips) zurechtkommen müssen. Sein Vorsatz, diesen Dingen mit größter Vorsicht zu begegnen, kann bestärkt werden, wenn er erlebt, wie bei älteren Menschen diese vier Versuchungen bereits zur Sucht geworden sind. Noch klarer wird ihm dies vor Augen treten, wenn er erkennt, dass er all seine Fähigkeiten für eine spätere sinnvolle Arbeit einsetzen muss, auch wenn noch nicht feststeht, wie seine Zukunft sich gestalten wird. Zu diesem Zeitpunkt wird ein Junge noch kaum eine klare Vorstellung davon haben, was er später einmal tun möchte, aber er wird schon daran denken, eines Tages in der Welt etwas bewirken und seinen Beitrag zur Gesellschaft leisten zu wollen. Wenn er in diesem Alter die Schule verlässt, ist es sehr schlimm für ihn, wenn er nicht gleich eine Beschäftigung findet. Kann der junge Mensch keine Weiterbildung erhalten, muss von Eltern, Lehrern oder Beratern alles unternommen werden, ihn in ein Ausbildungsverhältnis zu bringen. Und vor allem kommt es darauf an, dass er durchhält. Manch ein Mädchen mag auch heute noch davon träumen, zu heiraten und eine Familie zu gründen, aber auch sie wird einen Beruf erlernen müssen. Es ist eine Zeit voller Energie, Optimismus und guten Willens, in der eine wachsende Selbstsicherheit viele Ideale und neue Ziele hervorbringt.

Mit der körperlichen Reife geht eine Reife der intellektuellen Fähigkeiten einher. Mit sechzehn Jahren hat man den höchsten Punkt intellektueller Aufnahmefähigkeit erreicht: Es ist der Triumph des Denkens. Die Eltern zeigen sich beeindruckt (und vielleicht sogar durchschaut), und die Lehrer sind dankbar (aber auch herausgefordert). Und dies bewirkt eine größere Selbstkontrolle im Gefühlsbereich. Zorn, Launenhaftigkeit und Impulsivität treten im allgemeinen Erscheinungsbild eher in den Hintergrund, und auch die Ruhelosigkeit ist nicht mehr so ausgeprägt wie im fünfzehnten Lebensjahr. Ein Junge wird durch sein aufgewecktes Interesse und seine Aktivitäten neue Freunde gewinnen. Er wird versuchen durch kleine Arbeiten während der Ferien Geld zu verdienen und so schrittweise den gewohnten Rahmen von Familie, Schule und nächsten Bekannten verlassen. Für ein Mädchen bleibt die Beziehung zu Altersgenossinnen vorerst das Wichtigste; meist ist es eine Herzensfreundin, mit der sie *alles* teilt. Eine feste Beziehung zwischen Jungen und Mädchen ist in diesem Alter noch sehr selten. Die Begegnungen auf Parties sind eher freilassend und bleiben an der Oberfläche. Es wird noch leichten Herzens damit experimentiert. Sechzehnjährige Mädchen fühlen sich den gleichaltrigen Jungen im Allgemeinen überlegen und suchen deshalb den Kontakt zu älteren Jungen.

Sowohl Jungen als auch Mädchen haben nun etwas weniger mit ihrem körperlichen Wachstum zu tun und haben eine größere Sicherheit im Umgang mit ihrer sexuellen Identität gefunden.

Das fesselnde Erlebnis von »rhythm and beat«, das die körperliche Anspannung lockert (oder auch stimuliert), ist für dieses Alter von großer Bedeutung. Da stets eine geballte Energie zur Verfügung steht, bieten Musik und Tanz einen willkommenen Ausgleich zu den Anforderungen konzentrierter Gedankenarbeit in der Schule. Die jungen Leute verbringen den größten Teil ihrer Zeit mit ihren Freunden, aber sie geraten nicht mehr so leicht unter den Druck der Gruppe. Obwohl sie sich nach wie vor sehr stark mit ihr identifizieren, fühlen sie sich immer weniger verpflichtet, mit allem konform zu gehen, was hier geschieht. Das bringt ein neues wertvolles Gefühl von Freiheit mit sich.

Das siebzehnte Lebensjahr

Mit siebzehn, kann man sagen, ist die Adoleszenz in vollem Gange. Die Jahre der Pubertät sind nun vorüber, und der

Jugendliche ist drauf und dran, »erwachsen« zu werden. Das weiterhin Prozesshafte zeigt sich an der Spannung zwischen dem, was der Mensch derzeit ist und was noch aus ihm wird. In diesem Alter ist alle Energie des jungen Menschen nach vorn gerichtet. Die Schulzeit neigt sich dem Ende zu, und der Zeitpunkt, da er das behütete Nest der Familie verlassen wird, rückt immer näher, möglicherweise ist dieser Schritt sogar schon getan.

Der Schulabgänger, der ja nun bereits zum Gehaltsempfänger geworden ist, findet sich in einer Erwachsenenwelt wieder, der er eigentlich noch nicht voll gewachsen ist; in der Schule gehörte er zu den Ältesten, und nun gehört er mit einem Mal zu den Jüngsten in der breiten Masse der arbeitenden Bevölkerung. In der Schule waren seine Aufgaben vielfältig gewesen. Jetzt (und besonders bei der Arbeit in einer Fabrik) muss er feststellen, dass das Arbeitsleben eintönig ist und aus vielen anspruchslosen und langweiligen Arbeitsschritten besteht, die ihm kein rechtes Selbstwertgefühl geben. Das hat nichts mehr mit den Idealen zu tun, die er sich einmal gestellt hat. Noch schlimmer ist es, wenn er überhaupt keine Arbeit findet und entdecken muss: Er wird nicht gebraucht. Er empfindet sich dann als überflüssiges Element der Gesellschaft, das nicht einmal zum Lebensunterhalt zu Hause etwas beitragen kann. Jetzt können eine bedrückende Niedergeschlagenheit und ein Zynismus in ihm aufsteigen, die den jungen Menschen in Gruppen, Vereinigungen oder Banden hineintreiben, die sich gegen diese unbefriedigenden Verhältnisse in der Gesellschaft auflehnen, zu der er zwar gehört, die ihn aber abweist.

Wenn der Heranwachsende in der Schule bleibt, wird er auf seine Abschlussprüfungen hinarbeiten. Das ist kein Problem, wenn er sinnvolle Lerninhalte vor sich hat. Aber es besteht die Gefahr, dass der Lernstoff als solcher seinen Reiz verliert, wenn er nur noch als Mittel zum Zweck gesehen wird. Wenn es das einzige Ziel des Unterrichts ist, die Prüfungen zu bestehen, scheint es kaum von Belang zu sein, ob der Schüler mit Interesse lernt oder nicht. Wird die Kreativität bei der Gestaltung des Unterrichts um der Prüfungen willen geopfert, kann das eine trübe Zeit werden, die eben erduldet und überstanden werden muss. Der einzige Lichtblick bleibt dann die Freiheit, die am Ende dieser entbehrungsvollen Jahre winkt.

Glücklicher ist der Siebzehnjährige, ob in der Schule oder bereits am Arbeitsplatz, der frei von sich sagen kann: »Ich suche keine Autorität in meinem Umkreis oder in meinem Lernstoff. Ich habe meine Autorität in mir selbst!« Denn dann wird er fühlen, dass etwas Neues in ihm zu wachsen beginnt. Für kurze Momente wird sich sein Blick auf einen weit größeren Horizont hin öffnen, als er jemals für möglich gehalten hätte. Er wird seinen eigenen Geist erfahren. Noch sind es aber lediglich Geistesblitze, die in den kommenden Jahren zu immer größeren Enthüllungen führen. So wird der Jugendliche denken können: »Die Welt ist größer, bedeutungsvoller und wunderbarer, als ich es mir jemals vorgestellt habe.« Diese freudigen Entdeckungen können das Ergebnis einer neuen Erfahrung sein, die den jungen Menschen völlig in ihren Bann schlägt: die Erfahrung der *ersten Liebe*.

Es ist eine der traurigen Tatsachen unserer heutigen Kultur, dass wir das Wort »Erotik« benutzen, um die Regungen der Sexualität zu beschreiben. Eros hat sehr wenig mit Sex als solchem zu tun. Es ist eine ganz andere Kraft, die die Seele in Schwingung setzt. Sie sieht in einem Menschen des anderen Geschlechts ein Idealbild, das die eigene innere Sonne mit Licht und Wärme aufgehen und scheinen lässt, voller Hingabe an denjenigen, von dem das Gefühl erfüllt ist. Der eigentliche Gegenstand der Liebe kann dabei weit entfernt sein, unerreichbar, wie bei den Minnesängern: Sie besangen die Schönheit, Tugend und Güte der Angebeteten, von der sie wussten, dass sie niemals die Ihre sein würde. Wenn ein Mädchen glühend für einen Mann schwärmt, kann es sein, dass sie ihn nur als ein Idealbild sieht und ihn in Wirklichkeit gar nicht näher kennt. Eros ist romantische Liebe, es ist das Entzücken, sich die guten Eigenschaften, die man an einem Menschen sieht, immer wieder vorzustellen, es ist eine erregende Betörung, die tagsüber das ganze Denken und in der Nacht die Träume beherrscht. Eros verklärt das Bild eines anderen und führt gleichzeitig zur Entdeckung des eigenen inneren Idealbildes. Das Geheimnis von Mann und Frau und die Frage, welches Idealbild man für den anderen darstellt, kann eine große neue Erfahrung für den heranwachsenden jungen Menschen bedeuten. Es ist ein negatives Element unserer modernen Gesellschaft, dass dieses romantische Ideal so schnell mit sexuellen Bedürfnissen in Verbindung gebracht und dass die Erfüllung der Liebe auf der körperlichen Ebene gesehen wird.

Der körperliche Aspekt der Liebe als solcher ist weder sündhaft noch erniedrigend. Der menschliche Körper ist weisheitsvoll eingerichtet und ein kostbares Gut. Die intime Begegnung mit einem geliebten Partner kann zutiefst befriedigen. Sie weckt im Idealfall die Qualitäten des Gebens und Empfangens und offenbart einem das Wunder des »anderen«. Das wiederum festigt die Identifikation mit dem eigenen Geschlecht, was eine grundlegende Selbstbestätigung bedeutet. Es kann allerdings geschehen, dass der instinktive Drang nach Sexualität stärker wird als das Gespür der Fürsorge füreinander und dass das junge Paar sich so an ein Miteinander bindet, dass die innere Freiheit beider aufs Spiel gesetzt wird. Das kann tiefe seelische Verwundungen, ja dauerhafte Schäden bei beiden zur Folge haben, besonders aber bei der Frau. Wir werden dem Erwachen der Sexualität später noch weiter nachgehen.

Vor dem Hintergrund dieses weiter werdenden Horizonts

und vertiefter Erfahrungen kommt der junge Mensch an den Punkt, an dem er eine Entscheidung hinsichtlich seiner Ausbildung und zukünftigen Berufstätigkeit treffen muss. Seine Seele erfährt die Weite der Welt ringsum, der aktive Eintritt in diese Welt aber erfordert eine Beschränkung. Das stößt ihn auf die Frage: Wo liegen meine Fähigkeiten? und lenkt so den Blick auf die eigenen Fähigkeiten, aber auch Grenzen. Durch dieses innere Selbstgespräch beginnt man das eigene Schicksal und den Lebensweg, dem man folgen will, zu erkennen. Und alsbald taucht dann die Frage auf: »Was will ich mit meinem Leben anfangen?« Später, ungefähr im Alter von 28 Jahren, wird diese Frage lauten: »Was erwartet das Leben von mir?« Mit siebzehn allerdings wäre eine solche Fragestellung noch etwas zu früh. Mit siebzehn beginnt das Leben langsam ernst zu werden. Das Erwachsensein und die damit verbundene Verantwortung zeichnet sich bereits schemenhaft ab. Wie wird der nächste Lebensabschnitt aussehen?

Es wird dem jungen Menschen nun klar, dass alles davon abhängt, in welchem Maße er Herr seiner eigenen Willenskräfte ist. Andere Menschen und Einrichtungen können zwar einen gewissen Einfluss auf ihn haben, aber wenn er frei werden will, muss er seinen Willen selbst beherrschen, unabhängig von diesen äußeren Stützen. Die Beschränkungen, die Schule und Familie darstellen, werden noch eine Weile akzeptiert werden, aber der Zeitpunkt, die schützende Umgebung des Kokons zu verlassen und die Flügel auszubreiten, rückt nun sehr schnell näher.

Das achtzehnte Lebensjahr

Mit achtzehn beginnt ein äußerst bedeutungsvoller Lebensabschnitt. Das war bereits in den alten Mysterienstätten bekannt. In diesem Alter wurden wichtige Schritte auf dem

Weg der Einweihung vollzogen. Ausschlaggebend dafür war eine Aufnahmebereitschaft der Seele, die es dem jungen Menschen ermöglichte, bewusst zweier grundlegender Geheimnisse teilhaftig zu werden: *der Liebe und des Lebens.*

Die griechische Mythologie bietet in der Sage von Persephone und Hades ein Bild für dieses dynamische Geschehen. Aufführungen aus dieser Sagengeschichte fanden im alten Griechenland alljährlich in Eleusis statt, was Teil einer Einweihungszeremonie der griechischen Jugend an der Schwelle zum Erwachsensein war.

Persephone war die jugendliche Tochter Demeters. Sie spielte friedlich mit ihren Gespielinnen und pflückte Blumen auf einer Wiese. Plötzlich tat sich die Erde auf, und hervor sprang Hades, der Herr der Unterwelt, und entführte das Mädchen. Er wollte sie besitzen und zu seiner Königin machen. Demeter, untröstlich über den Verlust der Tochter, konnte endlich erreichen, dass Hermes, der Götterbote, sich in die Unterwelt begab, um Persephone zurückzuholen. Hades erlaubte dies, gab seiner jungen Gattin aber unbemerkt einen honigsüßen Granatapfelkern zu essen, damit sie nicht für immer bei Demeter bleibe. Der Granatapfel bedeutet vieles: Fruchtbarkeit und Vergehen, Liebe und Tod. Demeter fühlt, dass sich die Tochter bei aller Wiedersehensfreude schon zurücksehnt nach der Frucht der Liebe, die sie gekostet hat. Darauf wird ein Vertrag geschlossen, dass Persephone einen Teil des Jahres in der Unterwelt und den anderen bei der Mutter zubringen soll.

Mit diesen Vorführungen wurden den jungen Menschen die Geheimnisse des Lebens und der Liebe und die ewige Gegenwart des Todes nahe gebracht. Das Gefühl für das Leben und die Liebe wird dann besonders stark, wenn einem ein Schock oder ein plötzlicher Verlust vor Augen führt, wie unschätzbar wertvoll beides ist. Und doch scheint in beiden eine Aufforderung zum Risiko zu liegen, wie um zu sagen:

»Wer wagt, gewinnt!« Die Gefahr, das Leben oder die Liebe dabei zu verlieren, oder auch nur die Vorstellung, dass es so sein könnte, lässt sie einen erst so recht bewusst wertschätzen. Aber es ist auch wichtig, das Leben herauszufordern und in das Reich der Liebe einzudringen.

Es ist verständlich, wenn die jungen Leute sich in dieser Zeit auf sportlicher Ebene bestätigen möchten, denn hier können sie die Erfahrungen des sicheren alltäglichen Lebens erweitern. Extreme Sportarten wie Gleitflug, Tiefseetauchen, Bergsteigen, Segeln oder Kunstspringen sind jetzt gefragt. Der Jugendliche möchte sich mit den Elementen messen und sucht Abenteuer, die seine physischen wie geistigen Fähigkeiten aufs Äußerste beanspruchen. Es ist eine Herausforderung, die eigene Leistungsfähigkeit, seinen Mut, seine Gewandtheit und seine Entschlusskraft in Anbetracht widriger Umstände zu erproben und sich so seiner eigenen Grenzen bewusst zu werden. So kommt er sich selbst einen entscheidenden Schritt näher. Dies hilft, seine geistigen Fähigkeiten wachzurufen.

Aber auch wenn das Abenteuer nicht aktiv gesucht wird, können Krisen eintreten, die den Mut und die Durchhaltekraft des jungen Menschen auf die Probe stellen. Die unschuldige Persephone wird durch eine Verschwörung in die Unterwelt entführt; ebenso kann der junge Mensch auf vielerlei raffinierte und abwegige Weise in die Unfreiheit geraten (beispielsweise durch die verschiedenen Suchtmittel) und sich schwerwiegenden Folgen gegenübersehen. Das kann ganz dramatische Formen annehmen, wenn er seine Verzweiflung und das Gefühl von Ohnmacht und Hoffnungslosigkeit so stark erlebt, dass er versucht ist, Selbstmord als einzigen Ausweg zu sehen. Das muss frühzeitig von den Menschen in seinem Umkreis erkannt werden. Selbstmordabsichten müssen immer ernst genommen werden. Aber es ist sicher hilfreich zu wissen, dass das, was sich hier als Todeswunsch darstellt, in dieser Entwicklungsphase eigentlich eher ein Wunsch nach Leben ist, durch den die entscheidende Frage gestellt wird: »Gibt es jemanden, dem etwas an mir liegt?«

Auf die jungen Griechen, die die Mysterienschule in Eleusis besuchten, wirkte das Schauspiel zweifellos sehr stark. Im Anschluss an die Aufführung wurden sie in eine lichtdurchflutete Halle geführt, in der das Bildnis der Demeter vor ihnen glänzte: Demeter als die Gottheit des überschäumenden Lebens und der fürsorglichen Liebe.

Leben und Liebe – es ist die pulsierende Spannung in ihnen, die uns die Tatsache ihres Geheimnisses bewusst werden lässt. In uns tauchen plötzlich Fragen auf wie: Was ist das überhaupt, die Liebe? Und: Was ist der Sinn des Lebens? Oder: Was ist das Wahre an Liebe und Leben? Was bedeuten sie? Auf das Leben muss man sich einlassen. Die Liebe überwältigt einen, stürzt einen in Verstrickungen voller Gefühle und Emotionen, die sich oft selbst widersprechen, und fordert dann aber die eigene hingebungsvolle und sorgende Liebe.

In vielen Ländern ist der Militärdienst für junge Männer von achtzehn Jahren Pflicht. Von dem Augenblick an, in dem sie zum ersten Mal mit einem Gewehr umgehen, wird ihnen beigebracht, dass der »Feind« vernichtet werden muss. Es ist ihre Aufgabe, menschliches Leben auszulöschen. Eine solche Schulung läuft den Idealen von der Achtung allen Lebens und der Wertschätzung des menschlichen Wesens zu einem Zeitpunkt zuwider, in dem die jungen Menschen gerade beginnen, sich einen Begriff von der Größe des Lebens und der Liebe zu machen. Die Generation der sechziger Jahre verkündete die Botschaft »Make love not war.« Seither ist das Bewusstsein dafür in der Welt gewachsen, dass ein atomarer Konflikt in der völligen Vernichtung der Menschheit eskalieren könnte. Viele junge Menschen wollen heute die Pflicht zum Umgang mit dem Gewehr nicht mehr akzeptieren. Wenn es keine Alternative in einem zivilen Ersatzdienst für diese jungen Männer gibt, können sie in schwere persönliche Konflikte geraten.

Im Alter von achtzehn Jahren regt sich häufig das Bedürfnis nach einem wahren religiösen Erleben. Die Ideale eines geistigen Lebens bringen die jungen Menschen dazu, nach einer Philosophie oder einer Ethik zu suchen, die ihnen die Frage nach dem Sinn des Lebens beantwortet. Dies ist die Zeit, in der ein junger Mensch nach Möglichkeiten sucht, diese Ideale auch zu leben, indem er sich beispielsweise ganz für die Friedensbewegung oder den Umweltschutz einsetzt oder sich für behinderte oder anderweitig benachteiligte Menschen engagiert. Die Jugendlichen sind leidenschaftlich bei der Sache und wissen auch ihre Kritik an bestehenden Verhältnissen gewandt zu formulieren.

Die Macht der Liebe öffnet den jungen Menschen noch einen ganz anderen Erfahrungsbereich. Die Liebe trifft den Menschen in seinem innersten Kern: Niemand anders macht genau dieselbe Erfahrung wie man selbst. Wie das auch immer von anderen, ja von dem geliebten Menschen selbst gesehen wird: Einzig und allein derjenige, in dem die Liebe sich regt, weiß, wie tief sie ist und wie allumfassend und fordernd seine Gefühle sind. Mit der Liebe kommt der Schmerz. Der große Zauber der Ausweitung der Seele, die von Entzücken, uneingeschränkter Hoffnung und Zukunftsbildern erfüllt ist, weicht einer bitteren Enttäuschung, ja einem Gefühl starrer Ohnmacht, wenn die Erwartungen nicht erfüllt werden. Stellt sich der Gegenstand einer heißen Liebe als dieser Liebe nicht würdig heraus, oder zeigt es sich, dass er unfähig ist, die Liebesbezeugungen entgegenzunehmen, kann für den Betreffenden eine Welt zusammenbrechen. Mit gebrochenem Herzen wird sich der junge Mensch in sich zurückziehen. Möglicherweise gelingt es ihm zu erkennen, dass seine Liebe nicht eigentlich dem geliebten Wesen galt, sondern eher eine Entdeckung des eigenen Idealbildes war. Das Verliebtsein ist oft das plötzliche Gewahrwerden des eigenen Wesens. Man erhascht einen Blick auf das reine, strahlende und schöne Urbild in einem selbst, das man auf den Menschen projiziert, dem man zugeneigt ist.

Die wahre Liebe zu einem anderen Menschen ist von dieser Art plötzlicher romantischer Verzückung völlig verschieden. Wahre Liebe entsteht da, wo einem anderen Menschen ein Platz im eigenen Herzen gewährt wird, den anzunehmen ihm oder ihr völlig freigestellt bleibt. Jeder Zwang, jede Forderung oder gar emotionale Abhängigkeit ist ein Beweis dafür, dass die Liebe nicht selbstlos und deshalb nicht echt ist. Rein geistige Liebe ist ein hohes Ideal, aber allein diese Liebe ist »Agape«, die Liebe, von der in den Evangelien die Rede ist. Die romantische Liebe ist »Eros«, der in der Anbetung des geliebten Wesens eher das sucht, was sie einem selbst bringt, als das, was sie dem anderen gibt. Zwischen diesen beiden Formen der Liebe gibt es eine dritte, die im Griechischen »Philia« genannt wird. Philia ist jene Liebe, die eine menschliche Beziehung durch freundschaftliche Zuneigung festigt und bereichert. Durch das Wirken von Philia können wir einander Freude bereiten, in Zeiten voller Stress und Schwierigkeiten einander beistehen und die Erfolge eines jeden miteinander teilen. Das ist die Form der Liebe, die zum Frieden miteinander führt. Sie entwickelt sich unabhängig vom Gruppenzusammenhalt der heranwachsenden Jungen und unabhängig von der intensiven Zweierbeziehung junger Mädchen, die beide eher noch von Abhängigkeit geprägt sind. Philia hat weder die Selbstlosigkeit der Agape eines vollständig reifen, geistig gefestigten Erwachsenen, noch ist sie der intensive, romantische Traum des jungen Eros. Wenn Philia in den Herzen der jungen

Menschen erkennbar wird, ist dies ein deutliches Zeichen für den baldigen Schritt zum Erwachsensein.

So ist das achtzehnte Lebensjahr eine entscheidende Zeit. Der junge Mensch erhält nun das Wahlrecht und wird vor dem Gesetz nicht mehr als Jugendlicher betrachtet. Nach außen hin mag er vielleicht auch bereits fertig wirken, ist es aber innerlich eigentlich noch nicht. Er hat seine Ich-Kraft oder seinen Geist noch nicht vollständig unter Kontrolle und ist auf vielen anderen Gebieten noch unreif. Die Reife wird erst mit Vollendung des dritten Lebensjahrsiebts kommen. So gesehen entsprach die Volljährigkeit vor dem Gesetz mit einundzwanzig, wie dies in früheren Zeiten gehandhabt wurde, eher dem Reifezustand, mit dem eine volle Verantwortlichkeit erreicht wird. Mag der junge Mensch mit Vollendung seines achtzehnten Lebensjahres auch schon eine starke Persönlichkeit entwickelt haben, so wird er die volle innere Festigkeit, was für ihn gleichbedeutend mit vollständiger Unabhängigkeit ist, erst mit einundzwanzig haben. Denn erst dann wird er fähig sein, die Weite des Gewässers, das er durchsegelt hat, zu überschauen und sein Auge bewusst auf das Festland des Erwachsenseins zu richten.

Das neunzehnte Lebensjahr

Mit neunzehn sucht der Mensch den Beweis der Freiheit. Nicht allein die Freiheit, selbst zu entscheiden, oder die Unabhängigkeit von äußeren Zwängen, nein, die Freiheit, selbst tätig zu werden und sich sein Leben zu gestalten. Diese Freiheit setzt die Kenntnis praktischer Fähigkeiten und Lebenstüchtigkeit voraus. Spätestens jetzt wird er seinen Schulabschluss machen. Jetzt muss er arbeiten können, muss aber auch allen anderen Anforderungen und Aufgaben, die an ihn herankommen, gewachsen sein. Wenn er seine Grenzen kennt, wird er wissen, inwieweit er selbst zurechtkommt und wann er um Hilfe bitten muss. Seine Grenzen zu kennen und zu akzeptieren, ist ein Zeichen von Reife. Der junge Mensch wird sich selbst auf die Probe stellen wollen, und dafür braucht er neue Eindrücke und Erfahrungen. Er muss reisen. Entweder wirklich oder im Geiste, am besten beides. Vielleicht wird er sich bei seiner Suche nach einer eigenen Lebensphilosophie auf eine »geistige Reise« begeben, oder er macht sich tatsächlich auf den Weg, mit wenig Geld, nur mit einem Rucksack bepackt, bereit, auch unter freiem Himmel oder auf Bahnhöfen in fernen Ländern zu übernachten. Dabei wird er Gleichgesinnte aus vielen anderen Nationen und Kulturen finden. Und er wird auch erfahren, was es heißt, ohne Geld, hungrig und allein zu sein. Er wird die Bedeutung von Kameradschaft kennen lernen, das Teilen des Brotes. Im Umgang mit den Menschen von der Straße wird er auf die dunklen, traurigen und trostloseren Seiten des Lebens stoßen. Er wird sehen, in welchen Verhältnissen arme Menschen leben, in Slums und Wellblechhütten. Auf der anderen Seite wird er der Macht des Geldes mit all ihren Privilegien begegnen. Vielleicht kommt er dann allmählich zu der Erkenntnis, dass wahres Glück darin besteht, anderen zu helfen und gemäß den eigenen Idealen zu leben. Dadurch wird er auf den Sinn des Lebens stoßen. Man könnte sagen: Er lernt das Leben in seiner Realität kennen. Aber diese Realität ist unter Umständen nur die äußere Schale der tatsächlichen Wirklichkeit. Das heißt, der junge Mensch muss immer noch weiter in eine tiefgründigere, weniger leicht zugängliche, aber umso bedeutungsvollere Wirklichkeit vordringen, die jenseits von Raum und Zeit liegt: zu dem Ewigen, das sich hinter jeder Erscheinung verbirgt. Diese Suche ist den nächsten Lebensabschnitten vorbehalten. Jetzt muss der junge Mensch zuerst einmal die Alltagswirklichkeit kennen und bewältigen lernen. Das wird ihn mit zahlreichen

Schwierigkeiten konfrontieren, und er wird an so manchen Stein auf seinem Weg stoßen. Der Grad seiner Reife wird sich an der Art und Weise seiner Reaktion zeigen: Entweder wird er umkehren oder aber mit allen Mitteln versuchen, den Stein beiseite zu schaffen. Er wird daran auch seine Grenzen erkennen und lernen, was er tun muss, um sie zu überwinden.

Seine Gedanken und Gefühle können jetzt jugendlich extrem sein. So wird er geradezu leidenschaftliche Gefühle entwickeln für das, was ihm gerade wichtig ist. Andere mögen dann vielleicht meinen, er hätte nicht genug »Realitätsbezug«, wenn sie ihn so sehen. Aber seine leidenschaftliche Gesinnung zeigt im Grunde die Glut seines inneren Feuers, das das rohe Erz in seiner Seele schmelzen und das gereinigte Metall hervorbringen wird. Jetzt ist nicht die Zeit für Kleinmütigkeit oder kühl vorgebrachte intellektuelle Reden. Am Ende der Teenagerzeit mit neunzehn Jahren tritt der Mensch dem Leiden der Menschheit gegenüber. Wird dieses Leiden ihn verschlingen und ihn zu einem Teil seiner selbst machen? Oder ist er innerlich frei genug, um aus seiner eigenen Mitte heraus zu wirken und seinen Teil dazu beizutragen, das Leiden der Menschheit zu lindern? Was auch immer sein Ziel sein mag: Es wird wichtig für ihn sein zu wissen, dass andere an ihn glauben und seine Ideale respektieren.

Jede neue Generation bringt eine neue Hoffnung mit sich, so wie auch jedes Alter seine spezifischen Probleme hat. Mit Wissen und Überzeugungen und einem Herzen voll Mut kann ein junger Mensch etwas zum Positiven hin verändern. Sehr vieles hängt jetzt davon ab, wie er die Teenagerjahre verbracht hat, welchen Einflüssen er ausgesetzt war und wie er mit sich selbst klarkam. Wichtig ist vor allem, dass er seine innere Freiheit möglichst weit ausgebildet hat, die Freiheit, schöpferisch tätig zu werden und widrige Umstände zu überwinden.

Meilensteine auf dem Weg

Der Lebensrhythmus

Entwicklungsstudien ergaben, dass sich gewisse Wende-
punkte im Leben eines Menschen rhythmisch wiederholen.
Sie bilden gleichsam das Muster, in das die Biographie sich or-
ganisch gliedert. Zwei wichtige Rhythmen sind die Jahrsiebte
und die Mondknoten. Sieben Jahre hindurch vollzieht sich je-
weils eine bestimmte Entwicklungsphase. Mit sieben erfolgt
der Zahnwechsel, der zum Ausdruck bringt, dass die Lebens-
kräfte ihre Tätigkeit am Körperaufbau abgeschlossen haben
und nun dem Lernen zur Verfügung stehen: Dies ist die Zeit
der Schulreife. Die Schwelle, die es im vierzehnten Lebensjahr
zu überschreiten gilt, bedeutet das Verlassen der Kindheit
und den Eintritt in die Pubertät. Mit vierzehn erreicht die körperliche Entwicklung den Punkt der Geschlechtsreife, und
die Seele beginnt sich der Welt zu öffnen. Die Keime von Moralität, Weltinteresse und Urteilsfähigkeit fangen an, in der
Seele zu sprossen, um diese für die Anforderungen des irdischen Lebens zu wappnen. Mit einundzwanzig erfolgt der
Durchbruch zum Ich, und der Mensch ist erwachsen. Im
achtundzwanzigsten Lebensjahr geschieht ein weiterer
Wandlungsschritt, der aber nicht immer so deutlich zu erkennen ist. Der Mensch fühlt, dass seine Jugendkräfte langsam
nachlassen. Was ihm die Jahre über gleichsam wie ein Startka-
pital von den Göttern auf sein Kräftekonto gegeben wurde, ist
nun aufgebraucht. Das kann eine physische Belastung für ihn
bedeuten: Er fühlt sich oft lustlos und hat trübe Gedanken,
während er in den Mittzwanzigern noch in Hochform war.
Von nun an muss er sein Konto selbst füllen. Dann aber wird
er wirklich sein Leben in die Hand nehmen.

Die Mondknoten kehren alle 18,5 Jahre – genau gesagt 18 Jahre, 7 Monate und 9 Tage – im menschlichen Leben wieder. Der Mond kehrt dann in die Stellung zu Erde und Sonne zurück, die er bei der Geburt des Menschen hatte. Die Mondknoten bezeichnen Lebenseinschnitte, zu denen sich größere Veränderungen einstellen können. Sowohl der erste Mondknoten als auch die Schwelle mit vierzehn fallen in die Zeit der Teenagerjahre. Beide werden deshalb im Folgenden gesondert betrachtet.

Die Schwelle im vierzehnten Lebensjahr

Die Jahre von dreizehn bis neunzehn sind, wie wir gesehen haben, eine Zeit schnellster Entwicklung und Veränderungen. In diesem Abschnitt bezieht der Heranwachsende seine Kräfte nicht nur von Eltern und Lehrern, sondern auch aus seiner »inneren Quelle«. Sein Ich löst sich allmählich aus einer Art mütterlicher Umhüllung und beginnt sich zu entfalten wie eine Knospe, die im Frühling erblüht. In der Tat ist dies der Frühling der erwachenden Individualität.

Was an seiner Seele bildet und formt, ist nicht allein mit den elterlichen Erbanlagen oder den Einflüssen seiner Umwelt zu erklären. Es kommt jetzt auch aus anderen Bereichen: so aus seinen mitgebrachten Seelenkräften, aus seinen Schicksalszusammenhängen, aus der göttlichen Sphäre, ja sogar aus dem Bereich der dunklen Gegenkräfte, die nun erst freien Zugang haben. Diese verschiedenartigen Einflüsse machen die Dynamik dieser Jahre aus und bleiben für das ganze Leben bestimmend. Sie stehen in einer ständigen wechselseitigen Beziehung. Zwar ist es schwierig, sie klar gegeneinander abzugrenzen, aber es ist dennoch sinnvoll, sie einzeln zu betrachten, um ihre Wirkung auf den Menschen zu erkennen.

Die Einflüsse von Vererbung und Umwelt auf das heranwachsende Kind sind bekannte Faktoren. Hierzu gehört auch seine Stellung unter den Geschwistern. Von Bedeutung für seine Entwicklung ist zudem seine Konstitution, womit nicht allein seine körperliche Verfassung gemeint ist, gemeint sind vor allem auch die natürlichen Kräfte seiner Seele, angefangen mit den unbewussten Trieben und Instinkten bis hin zu den verfeinerten und bewussten Kräften von Denken, Fühlen und Wollen. Hierzu gehört schließlich auch sein Temperament und alles, was letztlich seine »Persönlichkeit« ausmacht. Das hat natürlich zum Teil mit Vererbung und Umwelteinflüssen zu tun, aber eben nur zum Teil. Man sehe sich nur einmal an, wie unterschiedlich Geschwister sein können.

Und dann ist da das *Schicksal*. Es mag zunächst manchen erstaunen, aber man kann doch sagen, dass das Schicksal in der Vergangenheit begründet liegt und sich allmählich offenbart. Es ist das aus dem *Vorgeburtlichen* mitgebrachte »Karma« des Menschen, das seine persönliche Aufgabe für dieses Leben einschließt. Die Aufgabenstellung ist durch das Karma gegeben, aber beide sind nicht ein und dasselbe. Beide werden ersichtlich am Verlauf der Ereignisse in der Biographie eines jeden Menschen.

Hinzu kommt die *göttliche Gnade*, das unmittelbare Eingreifen der geistigen Welt, das aus der Verbindung zu Gott herrührt, ob diese nun bewusst oder unbewusst ist. Es umfasst die Aufgabe des Schutzengels als dem Überbringer der göttlichen Botschaft. Und schließlich sind noch die *Gegenkräfte* zu nennen. Die persönliche Freiheit eines jeden bietet die Möglichkeit, das Falsche zu tun. In der Welt sind negative geistige Wesenheiten tätig, die den Menschen von seinem wahren Weg abbringen können. Er muss seine Ichkraft so stärken, dass er diesen Kräften Widerstand leisten und sie bezwingen kann.

Das Ich kann sowohl mit als auch gegen all diese Kräfte und Einflüsse arbeiten. Dieses Ich entwickelt sich während der Pubertät hin zur Freiheit und wird im einundzwanzigsten Lebensjahr sozusagen »geboren«. Seine Aufgabe ist die »Organisation«, das heißt, es muss alle Tätigkeiten und Wirksamkeiten in Körper, Seele und Geist in Einklang bringen und lenken und so an der Individualisierung des Menschen arbeiten. Noch ist das Ich nicht bereit für diese gewaltige Aufgabe, da es sich immer noch in der Entwicklung befindet. Und dennoch, so unreif es auch ist: Es verbindet sich mit diesem Prozess, der nur dann glatt verlaufen kann, wenn das Ich im Hinblick auf seine neuen Aufgaben zunächst eine Art Lehrlingsstatus für sich akzeptiert. Das bedeutet, dass es die Notwendigkeit zu lernen einsieht und zufrieden abwarten kann, bis es die volle Verantwortung übertragen bekommt. Meistens aber wird das nicht akzeptiert. Den Eltern wird nicht mehr länger gestattet, den Jugendlichen so mit Rat und Hilfe zur Seite zu stehen, wie sie es gegenüber den »Kindern« taten. Der junge Mensch muss, obwohl er noch so unzulänglich ausgerüstet ist, mit all dem, was ihm begegnet, fertig werden, während sich seine Kräfte erst entfalten. Und gleichzeitig muss er die Gegenkräfte überwinden, die ihn bedrohen. Die Eltern werden in dieser Zeit dringender denn je gebraucht, aber ihre Rolle ist nun eine andere.

Die Einflüsse von Vererbung und Umwelt, die heranreifende Persönlichkeit, das göttliche Wirken und das der Gegenkräfte stehen in vielfacher Beziehung zueinander. Man könnte sie als die verschiedenen Aspekte des Schicksals eines Menschen ansehen. Man könnte aber auch die Ansicht vertreten, dass der Mensch in Gottes Hand steht und alles, was geschieht, sein Wille ist. Und schließlich kann man auch der Meinung sein, dass der Mensch allein durch die Vererbung und seine Umwelt geprägt und verändert wird.

Dem hier Dargestellten liegt die Anschauung zugrunde, dass jede Kraft als solche Teil eines vielfältig verwobenen Ganzen ist, das um das vierzehnte Lebensjahr in dem jungen Menschen zu wirken beginnt. Das schließt den Gedanken eines vorgeburtlichen Daseins ein. So ist es eine Erkenntnis der Geisteswissenschaft, dass eine Seele, die sich auf ein neues Leben auf der Erde vorbereitet, sich Eltern sucht, die ihr die passende Umgebung und auch die körperlichen und seelischen Bedingungen geben können, die sie zum Erfüllen ihres Schicksals braucht. Das sind grundlegende Faktoren im Leben, die sich nicht durch Zufall ereignen.

Das Schicksal als Karma und Aufgabe

Es würde zu weit führen, hier auf das Horoskop näher einzugehen. Zweifellos sind das Sternzeichen, unter dem man geboren wurde, und die Stellung der Planeten zur Stunde der Geburt von Bedeutung für den Menschen. Hier soll jedoch eine übergreifende Betrachtung angestellt werden. Nichts im Leben geschieht rein zufällig. Alle menschlichen Begegnungen und alle Ereignisse in unserer Biographie sind Teil unseres sich erfüllenden Schicksals. Das heißt nicht, dass wir uns allem Geschehen fügen und unterwerfen müssen. Es liegt an uns, was wir bewusst und in freier Entscheidung aus unserem Schicksal machen, mit der ganzen Kraft unseres Ichs. Das Wissen um die Reinkarnation und das Karma als wichtige Bausteine der gegenwärtigen Geisteswissenschaft hilft uns zu verstehen, warum beispielsweise selbst Geschwister oft so unterschiedliche Leben führen. So kann es in ein und derselben Familie geschehen, dass ein Kind mit leichtem Wind und bei ruhigem Wasser durch die Jahre der Adoleszenz segelt, in der Schule erfolgreich ist und gute Freundschaften und eine klare Vorstellung seines zukünftigen Lebenswegs hat, während der Bruder oder die Schwester möglicherweise überall auf Schwierigkeiten stößt und versagt.

Gemäß dem Gesetz des Karma müssen Schulden bezahlt und Fehlentscheidungen im Nachhinein berichtigt werden. So sieht sich der Mensch vor die Notwendigkeit gestellt, Unbewältigtes aus einem früheren Leben zu vollenden. Aber wir kommen nicht nur mit einem Karma auf die Welt. Wir kommen auch mit einer Aufgabe. Denn das Erdenleben, das wir mit der Geburt antreten, hat, auch wenn die Vergangenheit in es verwoben ist, einen neuen »Ort des Geschehens«. Und so ist auch die Aufgabe, die sich uns stellt, eine neue. Eine besondere Aufgabe wartet auf jeden von uns. Bevor der Mensch sich anschickt, auf die Erde zu kommen, hat er bereits zugestimmt, diese Aufgabe zu übernehmen. Das bedeutet: Er ist am Entwurf seiner Biographie beteiligt.

Diese eigene Beteiligung am Lebenskonzept eröffnet auch noch eine weitere Möglichkeit. Der Mensch kann sich erbieten, einen Teil der karmischen Schuld eines anderen Menschen auf sich zu nehmen, ja selbst etwas vom Karma der Welt. Ein Karma zu übernehmen, das nicht das eigene ist, ist eine Tat der Liebe. So mögen Menschen, die mit einer geistigen oder körperlichen Behinderung geboren werden, vielleicht nicht nur ihr eigenes Karma leben, sondern dasjenige anderer mittragen. Diese Empfindung teilen viele Menschen, die in der Arbeit mit Behinderten solche Schicksale kennen gelernt haben. Nachdem Jesus den blindgeborenen Mann geheilt hat, wie im Johannesevangelium berichtet, wundern sich die Jünger darüber, dass dieser bereits blind *geboren* wurde, und sie fragen Jesus, ob dieser Mensch das Karma seiner Eltern oder sein eigenes zu tragen habe (was sich im Übrigen nur auf ein früheres Leben beziehen kann):

69

Und seine Jünger fragten ihn: Meister, wer hat hier gesündigt, dieser Mensch selbst oder seine Eltern, dass er blind geworden ist?

Aber Jesus antwortet, dass hier eine höhere Absicht waltet, die nichts mit dem persönlichen Karma dieses Menschen zu tun hat, nämlich die Absicht, die Werke Gottes zu offenbaren:

Die Blindheit rührt weder von seiner Sünde her noch von der seiner Eltern; vielmehr soll dadurch die Wirksamkeit des Göttlichen in ihm zur Offenbarung kommen. (Joh 9, 2-3)

So ist die andere Seite des Schicksals in der Aufgabe zu sehen, die man in diesem Leben zu erfüllen hat. Und diese Aufgabe besteht neben dem mitgebrachten Karma. Der Mensch wird seine Talente entfalten müssen. Er muss seine Berufung herausfinden und all die Ereignisse und Begegnungen bewältigen, die ihn auf seinen individuellen Weg führen. Wenn die Eltern und andere maßgebliche Menschen darauf vertrauen, dass jeder Heranwachsende seine Schicksalsaufgabe hat, auch wenn diese noch nicht zu erkennen ist, dann wird es für den jungen Menschen eine Hilfe sein, diese zu finden.

Im Vorangegangenen wurde besprochen, wie wichtig für den Siebzehnjährigen die Frage ist: »Wo liegen meine Fähigkeiten? Was kann ich?« Wir haben auch gesehen, dass es noch zu früh wäre, die Frage zu stellen: »Was erwartet das Leben von mir?« Das Entscheidende in der Zeit von dreizehn bis neunzehn ist die Tatsache dieser Lebensaufgabe, die dem jungen Menschen allmählich zu einer Selbstverständlichkeit werden wird, besonders, wenn er von ihm nahe stehenden Menschen unterstützt und ermutigt wird.

In welchem Zusammenhang steht die Sendung im Leben mit dem Karma? Diese Frage ist schwer zu beantworten, weil die Antwort für jeden Menschen anders lautet. Allgemein könnte man sagen, dass Karma das »Gegebene« ist, während die gestellte Lebensaufgabe durch das Gegebene Neues bewirken kann. So mag ein Mensch behindert sein, weil es sein Karma ist. Dabei kann seine Lebensaufgabe darin bestehen, eine Gruppe von Menschen zusammenzuführen, die dann eine ganze Einrichtung für Behinderte gründen. Es kann aber auch seine Aufgabe sein, ein Fürsprecher behinderter Menschen zu werden und die Herzen aller zu öffnen, die ihm begegnen. Helen Kellers schicksalhafte Krankheit in ihrem zweiten Lebensjahr verbannte sie in eine dunkle und lautlose Welt. Aber es war, als habe Anne Sullivan nur auf diese Lebensaufgabe gewartet. Mit dieser Lehrerin fand Helen die Möglichkeit, ihre Behinderung in einen Segen für viele Menschen zu verwandeln.

Ein Mensch kann sich seiner Aufgabe im Leben versagen oder sie außer Acht lassen. Es gibt heute so viele Menschen, die es nicht schaffen, ihr Leben richtig in die Hand zu nehmen. Sie lassen günstige Gelegenheiten verstreichen und nutzen ihre Fähigkeiten nicht, ganz zu schweigen von jenen, die sich selbst ruinieren. Solange wir unsere Lebenssituation ablehnen, wird sich unsere Lebensaufgabe nicht offenbaren. Erst, wenn wir unser Schicksal akzeptieren können und auf uns selbst und unsere Situation vertrauen, kann sich uns der wahre Sinn unseres Seins eröffnen. Der erste Schritt in diese Richtung kann ganz einfach sein sich zu sagen: »Vielleicht sollte ich einmal aufhören zu klagen und die Dinge einfach nehmen, wie sie sind.« Das wäre ein erster Anfang. Man wird mit der Zeit dann auch die Vorteile sehen, die sich aus dem ergeben haben, was sich ereignet hat. Dann sind wir bereits auf dem richtigen Weg, zu entdecken, dass eigentlich nichts durch Zufall geschieht und dass das Leben nicht aus einer sinnlosen Folge von Ereignissen besteht, die selten so verlaufen, wie man es sich wünscht. Wir werden vielmehr bemerken, dass gerade die alltäglichen Begebenheiten uns die Richtung weisen, wenn wir sie mit offenem Herzen wahrnehmen. Ein offenes Herz kann wie ein Magnet wirken und neue Situationen in das Leben bringen. So wird es uns auch allmählich auf den Weg leiten, der wirklich der unsere ist.

Mit dem Wendepunkt im vierzehnten Lebensjahr nimmt dieser Prozess seinen Anfang: Die hier dargelegten Gedanken mögen den Eltern helfen, einen tieferen Sinn in der Dynamik zu sehen, die ihnen im täglichen Umgang mit ihren Teenagern entgegenkommt. Sohn oder Tochter müssen jetzt ihre eigenen Wege gehen, und die Eltern sollten sich nicht mehr für alles, was geschieht, verantwortlich fühlen.

Der Gedanke der Gnade

Die Geschichte vom Blindgeborenen kann uns vor Augen führen, dass es neben dem persönlichen Schicksal auch ein *göttliches Eingreifen* gibt. Man könnte sagen, dass es das Karma des blinden Menschen war, dem Christus zu begegnen und von ihm geheilt zu werden, aber es gibt noch einen weiteren Aspekt, nämlich, dass hier ein Wunder geschah. Das göttliche Licht strömte in das Leben dieses Menschen, der bis zum Zeitpunkt seiner Heilung in Dunkelheit gelebt hatte. Man kann sich noch andere Bibelstellen ins Gedächtnis rufen, die zeigen, dass die göttliche Liebe zwar von Anfang an jedem Menschen gegeben ist, jeder sie jedoch selbst entdecken muss. Im Alten Testament steht am Anfang des Buches vom Propheten Jeremias: »Und es erging an mich das Wort des Herrn. Noch ehe ich dich bildete im Mutterleibe, habe ich dich erwählt« (Jer 1, 4-5).

Im Evangelium nach Johannes spricht Christus im Gebet mit dem Vater die Worte:

Ich bin in ihnen,
Und du bist in mir,
Und so werden sie zu einer vollkommenen Einheit geweiht,
Damit die Welt erkennt,
Dass du mich gesandt hast,
Und dass du sie liebst,
Wie du mich liebst.   (Joh 17, 23)

Das Göttliche wirkt in allen Bereichen unseres Lebens, und damit durch die eigentliche Lebenskraft selbst. Wir können daher sagen, dass es eine höhere Macht gibt, die über all dem steht, was uns durch Vererbung, Umwelt und Schicksal formt. Und das ist die Gnade. Jeder kennt solche dramatischen Situationen, die wie durch ein Wunder ein glückliches Ende nehmen, beispielsweise wenn ein Mensch im letzten Augenblick vor dem Ertrinken gerettet wird oder wenn sich ein schwerer Unfall ereignet und die Betroffenen ohne nennenswerte Verletzungen dem Autowrack entsteigen. Daneben gibt es so viele, weit weniger spektakuläre Ereignisse, die von Gnade im täglichen Leben eines Menschen zeugen, wenn dieser sein Herz in einer schwierigen Notlage dem Göttlichen öffnet oder wenn ein anderer an seiner statt eingreift. Durch eine aktive innere Lebensführung oder durch eine offene Geisteshaltung in Meditation und Gebet können wir diese Gnade suchen. Durch die heiligen Sakramente wird dem Menschen eine besondere Gnade zuteil, so bei der Taufe eines Kindes, der Konfirmation eines Jugendlichen, beim Segen für ein Paar, das durch die Heirat eine Gemeinschaft im Leben begründet, und bei der letzten Ölung eines Menschen, der nahe dem Tode ist. Durch das heilige Abendmahl kann die Verbindung zu den erlösenden und heilenden

Kräften gefunden werden, die durch das Wesen des Christus wirken. Auch Taten selbstloser Liebe im Umgang mit anderen schaffen einen Raum für das Einströmen der Gnade. Ein Schicksalsschlag, Leiden und Krankheit, eine tiefe Enttäuschung – all dies ist schwer zu ertragen, aber es kann uns für die göttliche Gnade öffnen. Wir fühlen uns vollkommen leer oder sind am tiefsten Punkt unseres Selbstwertgefühls und unserer körperlichen Kräfte angelangt – da geschieht es. Das Schicksal muss den Zuchtmeister spielen, bis wir unsere Freiheit errungen haben; es hält uns so lange im Griff, bis wir es selbst ergreifen können. Jakob musste mit seinem Engel kämpfen, bevor er seinen wahren Namen bekam (Genesis 32). Auch wir müssen uns durch Schwierigkeiten schlagen, um unser eigener Herr zu werden.

Jeder Mensch hat in seinem *Engel* eine Verbindung zu der geistigen Welt. Der Engel wirkt gleichsam als Botschafter zwischen Himmel und Erde. Ein junger Mensch kann allmählich ein Bewusstsein für seinen Schutzengel entwickeln. Es gibt eine geheimnisvolle Beziehung zwischen jedem einzelnen Menschen und dem Wesen der Engelswelt, das ihn führt und durch alle seine Erdenleben sein Begleiter bleibt. Der Mensch kann die Nähe seines Engels fühlen, wenn er aus höchster Gefahr eine Rettung erfährt. Die Beziehung zu dem Engel kann gepflegt und immer mehr fühlend durchdrungen werden. Nachts im Schlaf löst sich das Ich vom Körper und »trifft« den Engel. Gemeinsam halten sie *Rückschau* auf das, was den Tag über geschehen ist. So können irdische Erfahrungen fruchtbringend der göttlichen Welt zurückgegeben werden. Durch diese Rückschau entwickelt der Mensch ein Verständnis für Dinge, denen er zunächst völlig ratlos gegenüberstand. Das stärkt seine moralische Antriebskraft für die Bewältigung seines Alltags. So wacht er morgens oft erfrischt und mit neuen Impulsen auf. Durch seine wachsende Sensibilität wird er die Wirkung dieser Begegnungen in der Nacht nun auch am Tag bewusster erleben. Es wird auch Zeiten geben, in denen der Engel sich im Hintergrund hält, weil die Individualität sich in einem wichtigen Entwicklungsstadium befindet, und das erklärt, warum man sich manchmal so leer und der eigenen Ratlosigkeit überlassen fühlt. Diese Situation ist ganz bezeichnend für das 28. Lebensjahr. So ist der Engel auch so etwas wie ein guter Erzieher, der weiß, wann er nahe sein und wann er sich zurückziehen muss. Engel können nicht in dem Sinne Erfahrungen sammeln, wie wir das auf der Erde tun, weil sie keinen physischen Leib haben und ihnen jenes Bewusstsein mangelt, das wir durch unsere Inkarnation besitzen. Deshalb ist es wichtig, dass wir die Verbindung mit unserem Engel pflegen, sei es in stiller Zwiesprache oder im Gebet.

Die Seele des Kindes ist offen für seinen Engel. Aber eine verantwortungslose Erziehung, nachlässige Ernährung und eine Überforderung der Sinne durch Fernsehen und andere Medien sind eine Bedrohung für dieses natürliche Feingespür. Wenn ein Kind in die Pubertät kommt, kann sein wachsender Intellekt, in Verbindung mit anderen Faktoren, bewirken, dass dieser empfindsame Teil seiner Seele verschüttet wird. Das wiederum nimmt dem Engel die Möglichkeit, den jungen Menschen helfend zu begleiten, und doch wird er in seiner Nähe bleiben, um ihm so Gelegenheit zu geben, seine tief verankerte Sensibilität zu entwickeln. Und eben diese Sensibilität schafft ein wachsendes Bewusstsein für die Nähe des himmlischen Hüters. Wenn es gelingt, in jungen Menschen, die sich in einer Sackgasse oder in depressiver Stimmung befinden, dieses Feingefühl zu wecken, kann sich ihre ganze Verfassung wandeln, so, als würde ein ausgetrockneter Boden endlich mit Regen gesegnet. Wer ein Gespür für die Wirkung seiner nächtlichen Zwiesprache mit dem Engel entwickelt hat, wird die weise Führung wahrnehmen, die ihm zuteil wird. Das wird ihm helfen, sein wahres

Ich zu entfalten, nicht indem er sich krampfhaft an starren Regeln festhält, sondern indem er in ständiger Zwiesprache mit jenem Wesen der Erfüllung seines Schicksals folgt. Das wird auch sein Bewusstsein für die geistige Wirksamkeit schärfen, die sich in allem offenbart, was um ihn ist. Das wiederum befähigt ihn, seine Urteilskraft, sein Weltinteresse und seine Moralität zu festigen.

Die Gegenkräfte

Die Seele des Teenagers ist auch noch vielen anderen Einflüssen ausgesetzt, wenn der elterliche Schutz nicht mehr in dem Maße wie zuvor um ihn ist und er zudem viel verwundbarer wird. Dazu gehören auch die Gegenkräfte, die Gegenspieler. Der junge Mensch wird sich mit den Kräften des Bösen auseinandersetzen müssen. Diese werden sich ihm auf zwei Arten zeigen. Beides sind Kräfte, die den Menschen zur Verleugnung seines wahren Selbst führen und ihm seine Freiheit nehmen.

Die erste versucht ihn in eine unwirkliche Phantasiewelt hineinzuziehen. Diese ist keineswegs dunkel, sondern voll Licht, aber einem Licht, das sein Bewusstsein in einen Traumzustand bringt, in dem er das Wahre vom Falschen nicht mehr unterscheiden kann. Er verfällt den Sinnesfreuden und verliert sein natürliches Verantwortungsgefühl. Dabei ist er nicht mehr Herr seiner selbst und kann keinen Verlockungen mehr widerstehen. Diese Macht wird *Luzifer* genannt. Er ist derjenige, der sich für gottebenbürtig hält und der in unsere Seelen die Saat des selbsttäuschenden, falschen Stolzes sät. Luzifer will verhindern, dass der Mensch das tut, wozu gerade der Jugendliche aufgerufen ist: innerlich zu wachsen. Das Luziferische in ihm will Freiheit besitzen, noch bevor er sie verantwortlich tragen kann. Es möchte das Spirituelle erlangen, ohne sich dafür anzustrengen. Luzifer bringt uns in Versuchung, den mühsamen Weg der inneren Entwicklung zu umgehen, der allein uns zu einer bewussten und Ich-getragenen Erkenntnis der geistigen Welt leitet.

So scheinen beispielsweise die bewusstseinsverändernden Drogen den geistigen Horizont ohne eigene Anstrengung zu erweitern, aber sie haben dreierlei schädliche Wirkungen. Zum einen verlocken sie den Drogenkonsumenten, geistige Erfahrungen zu suchen, die das Bewusstsein umgehen, statt sie daraus zu entwickeln. Dann vermitteln sie eine falsche Erfahrung, da sie auf Halluzinationen beruhen und nicht auf der wahren Begegnung mit geistigen Wesenheiten. Und schließlich schwächen sie den Willen, bringen ihm viele kleine Wunden bei, die nie wieder völlig heilen. Damit wird dem Menschen die Möglichkeit genommen, sein Leben in die Hand zu nehmen. So geht auch das Drogengeschäft auf Luzifers Konto. Seine Verlockungen sind groß, und unsere Freiheit ist leicht zu untergraben. Er hat noch andere Wege, einen jungen Menschen von der Entfaltung seiner Ichkraft abzubringen. Dazu gehören auch Alkohol und Zigaretten.

Satan und *Ahriman* sind Namen des zweiten Gegenspielers. Er wird in einer anderen Richtung als Luzifer aktiv. Seine Kraft zieht uns auf die Erde nieder, so dass wir den Himmel vergessen, wie dies in der Sage geschildert wird, wenn Hades Persephone den Granatapfelkern reicht. In Ahrimans Weltenplan gibt es keinen Raum für eine geistige Dimension. Denn hier wird nur anerkannt, was aufgrund bekannter Ursachen und Wirkungen wissenschaftlich bewiesen werden kann. Das Wesen einer Krankheit wird so beispielsweise nur mittels der körperlichen Funktionen erklärt. Jeder Versuch einer tiefer gehenden, geistigen Betrachtung, die vielleicht auch das Karma einbezieht, wird als »unwissenschaftlich« abgetan und abgelehnt. Ahriman kann das lebendig Schaffende in der Natur mit seinen ständig wechselnden Erscheinungsformen nicht sehen. Seiner geistigen Dimension beraubt, erscheint es lediglich als die chemische Abfolge von Elementen, die ohne geistiges Zutun zu organischen Strukturen führen. Für Ahriman gibt es im menschlichen Verhalten nicht die Unterscheidung zwischen Taten, die aus Hass, und solchen, die aus Liebe getan werden. Er suggeriert die Ansicht, dass die Gedanken und Taten eines Menschen allein durch äußere Reize beziehungsweise Gegenreize hervorgerufen werden. Deshalb kann das menschliche Verhalten von außen manipuliert und beeinflusst werden. Auf diese Weise kann ein Mensch für sein Tun nicht mehr verantwortlich sein. Ein solcher Weltenplan lässt keinen Raum für Weisheit, wohingegen aber eine gewisse Intelligenz hoch geschätzt wird, zumal sie sehr effektiv ist und Resultate zeigt. Wahre innere Werte werden unbedeutend. In seinem Drang, Macht über den Menschen zu gewinnen, beschwört Ahriman eine Verneinung des Göttlichen herauf. Unmerklich verliert der Mensch dadurch seine persönliche Freiheit. Ahriman drängt uns dazu, alles immer gleich fix und fertig haben zu wollen. Alles muss rational, wirkungsvoll, praktisch und steril sein. Zwischendurch unterhält er uns durch die Medien und hüllt dabei unsere Aktivität so hypnoseartig ein, dass wir gar nicht mehr merken, dass wir uns »zu Tode amüsieren«.

Ahriman hetzt uns vorwärts, nicht so Luzifer. Wir werden von Ahriman dazu getrieben, alles immer schneller zu tun, wobei er uns anspornt, unsere Intelligenz dafür einzusetzen, dass wir uns den Himmel auf Erden schaffen. Und je mehr alle »Fortschritte« unser moralisches Empfinden, unsere Urteilskraft und unsere Mitleidsfähigkeit verringern, desto leichter kann Ahriman unsere Ich-Entwicklung in Frage stellen. Wenn der Heranwachsende seine intellektuellen Möglichkeiten entdeckt, die sich im Verlauf der natürlichen

Entfaltung all seiner Fähigkeiten zeigen, kann er leicht versucht sein, seinen *Intellekt* ohne sein *Herz* auszubilden (eine Tendenz, die das herkömmliche Schulsystem geradezu fordert). Und wenn er sich dann seine Lebensziele setzt, werden diese vorwiegend auf materielle Güter gerichtet sein.

Häufig nimmt Ahriman bei all dem Luzifers Hilfe in Anspruch, aber aufgrund seiner außergewöhnlichen Schlauheit behält Letzterer doch meist die Oberhand. Der hämmernde Rhythmus und die ohrenbetäubende Lautstärke der Musik in der Disko sowie die Lichteffekte bei sonst abgedämpftem Licht können den jungen Menschen leicht empfänglich für die unterschwellige Suggestion machen, dass die Welt nur eine »Unterwelt« von geringer Bedeutung ist. Was hat sie ihm schon zu bieten? Sollte man sich da nicht alles nehmen, was man bekommen kann (mit Ahrimans Hilfe) oder eben in eine Traumwelt flüchten (die Luzifer bereithält)?

Wir haben hier nun die negative Wirkung dieser Gegenkräfte beschrieben. Aber mit klarer Entschlusskraft kann der junge Mensch sich diese Kräfte auch nutzbar machen und den »Drachen« zähmen. Und tatsächlich kann das Luziferische und Ahrimanische auch hilfreich für uns sein. So bringt Luzifer Leichtigkeit und Schönheit in die künstlerische Arbeit. Und Ahriman muss in den mechanischen und technischen Errungenschaften, die uns das tägliche Leben erleichtern, anerkannt werden. Sie haben beide ihren Anteil am Leben, aber der Mensch muss sie unter Kontrolle halten und etwaige Ausschweifungen zügeln. Es ist seine Aufgabe, voll bewusst zwischen Luzifer und Ahriman zu stehen und die Balance zu halten.

Während sich der junge Mensch mit den Versuchungen der Gegenkräfte auseinandersetzen muss, kann er sich auch seiner eigenen inneren Stärke und einer helfenden göttlichen Hand bewusst werden. Diese Eigenkräfte fangen gerade zu der Zeit an, in ihm zu arbeiten, in der Lehrer und Eltern etwas in den Hintergrund treten müssen. Sie sollten aber dem jungen Menschen weiterhin mit Verständnis zur Seite stehen und ihm weiteres Wissen zugänglich machen. Sie sollten immer für ihn da sein, wenn er sie braucht. Aber sie müssen ihm auch Raum gewähren, damit er wachsen und sich an allem, was auf ihn zukommt, erproben kann.

In der Zeit der Pubertät feiern viele Jugendliche ihre Konfirmation. In dieser Feier wird die göttliche Welt angerufen, dem jungen Menschen Lebensmut und eine innere Festigkeit zu gewähren. In der Christengemeinschaft dauert die Vorbereitung zu dieser Feier ein bis zwei Jahre. Hier werden die jungen Menschen in dieser Zeit der physischen und seelischen Veränderungen begleitet. Im Konfirmandenunterricht werden sie mit dem Neuen Testament, den Sakramenten und dem religiösen Leben vertraut gemacht, so dass sie eine geistige Grundlage für ihren weiteren Lebensweg haben. Mit der Konfirmation im vierzehnten Lebensjahr wird das Christuswesen angerufen, dem jungen Menschen in fröhlichen und traurigen Lebenszeiten ein Begleiter zu sein. In diesem Sinne ist das vierzehnte Lebensjahr ein entscheidender Wendepunkt in der Folge der Siebenjahresrhythmen. Mit einundzwanzig erfolgt dann die Geburt des Geistes. Darauf soll im nächsten Kapitel näher eingegangen werden.

Die Mondknoten

Zuvor wenden wir uns noch einem wichtigen Ereignis zu, das sich erstmals im 19. Lebensjahr vollzieht: dem Mondknoten. Diese Konstellation ereignet sich alle 18,5 Jahre, genauer gesagt, alle 18 Jahre, 7 Monate und 9 Tage. Dann steht der Schnittpunkt von Sonnen- und Mondenbahn im Tierkreis am gleichen Himmelsort wie zur Zeit der Geburt. Es gibt in unserem Leben Kräfte, die durch den Zusammen-

hang zwischen Sonne und Mond wirken. Viele Lebens-
rhythmen stehen in Beziehung zum Mondzyklus. Die Bahn
des Mondes differiert um 5° von der scheinbaren Bewegung
der Sonne, wie sie von der Erde aus zu sehen ist. Das hat
seine Ursache in einem rhythmischen Verlauf der Wechsel-
beziehung zwischen Sonne und Mond. In 18 Jahren, 7 Monaten und 9 Tagen sind alle Positionen durchlaufen, und es
kommt der Moment, in dem »die Sonne wieder durch-
scheint« auf unsere Biographie; wir haben unsere Geburts-
stundenkonstellation wieder erreicht. Jetzt beginnt ein neuer Lauf durch die Tierkreiszeichen, bis der nächste Zeitabschnitt von ca. 18,5 Jahren wieder vollendet ist. Das bedeutet, dass sich der Mond-Sonne-Stand der Geburtsstunde mit
37 Jahren und 2 Monaten zum zweiten und dann mit 55
Jahren und 10 Monaten zum dritten Mal wiederholt. Jedes
Mal geht der alte Lauf in den neuen über. Doch nun können
neue Impulse aufgenommen werden, wobei sich oft neue
Richtungen in beruflicher Hinsicht oder in menschlichen
Beziehungen ergeben. Dies kann eine krisenhafte Zeit, aber
auch eine Zeit der Erneuerung sein. Erst später, im Rück-
blick auf unser Leben, werden wir erkennen können, wie
bedeutsam diese Mondknotenzeiten für uns waren.

So ist mit ungefähr 18,5 Jahren ein Zeitpunkt gekommen,
der häufig von Umbrüchen gezeichnet ist, der aber auch
Gelegenheit für neue Entschlüsse bietet. Das ist auch in den
Wochen davor und danach noch deutlich spürbar. Jetzt können entscheidende Schritte in Richtung einer zukünftigen
Lebensaufgabe unternommen oder neue Ideale gefasst werden. Überschaut man einen Lebenslauf, kann man im Allgemeinen sehen, dass der erste Mondknoten zugleich das Ende
der Jugendzeit bedeutet. Der Mensch beginnt, die Zügel
selbst in die Hand zu nehmen und seinen Wagen allein zu
lenken. Nun ist die Zeit gekommen, erste erreichbare Ziele
klar ins Auge zu fassen und auf diese zuzuarbeiten.

An der Mündung

Auf unserem Weg durch die Jugendzeit sind wir nun bei der Szenerie eines jungen Menschen Anfang zwanzig angelangt. Das 21. Lebensjahr beendet den Siebenjahresabschnitt, der mit vierzehn begonnen hatte. Mit einundzwanzig vollzieht sich der Eintritt ins Erwachsenenleben. Der Mensch wird verantwortlich für seine Taten, das Ich als leitende Wesenskraft ist nun bereit, Herausforderungen anzunehmen. Der 21. Geburtstag wird im Zeichen der Emanzipation begangen, denn von nun an sind Vater und Mutter zwar ältere, aber gleiche Partner, und ihr Umgang mit Sohn oder Tochter muss jetzt eine Beziehung unter Erwachsenen werden. Die Zeiten, zu denen der Vater seinen Einfluss noch aufrechtzuerhalten suchte und die Mutter ihre Fürsorge, sind nun endgültig vorbei. Und in der Tat wird ein Vater, der seinen über zwanzig Jahre alten Sohn oder seine Tochter zu beherrschen sucht, entweder einen Bruch riskieren oder ein schwieriges Abhängigkeitsverhältnis aufbauen. Wenn eine Mutter versucht, ihren Sohn an sich zu binden, wird sie seine Chancen für eine gute Ehe erheblich vermindern, und das gilt im Grunde auch für die Tochter. Lebt ein Einundzwanzigjähriger noch zu Hause, ist es nun höchste Zeit für ihn, den Anker zu lichten und auf neue Ufer zuzusteuern. Er muss sich jetzt losmachen, bereit für alles, was auf ihn zukommt und was von ihm erwartet werden wird.

Anfang zwanzig steht der junge Mensch meist noch im Studium oder in seiner Ausbildung und hat Prüfungen zu bewältigen. Dann folgt der Übergang zu Arbeit und Geldverdienen. Jetzt muss er zeigen, dass er gelernt hat zu *arbeiten*. Das heißt, er muss fähig sein, seine ganze Energie und Gedankenkraft auf die ihm gestellten Aufgaben zu verwenden. In den Lebensjahren zwischen zwanzig und dreißig wird ein Mensch weitgehend nach seiner Arbeitsleistung beurteilt. Die Arbeit kann ihm ihrerseits aber auch ein Gefühl für sein eigenes Wesen geben. In ihr drückt sich aus, was er ist, selbst wenn sie nicht frei gewählt ist. Arbeit ist eigentlich sichtbar gewordene Liebe. Wohl bedeutet sie physische als auch geistige Anstrengung. Wenn wir uns jedoch interessieren für das, was wir zu tun haben, und ganz darin aufgehen können, bringt dies Zufriedenheit. Arbeit kann sogar helfen, depressive Stimmungen zu vertreiben.

Es ist eine Paradoxie unseres modernen Lebens, dass wir bei allem, was wir tun, versuchen, Zeit und Energie zu sparen, so zum Beispiel mit allen möglichen arbeitssparenden Erfindungen, und doch finden wir die größte Befriedigung in Tätigkeiten, die wir aus eigener Kraft verrichten. Ein junger Mensch, der nicht den Wunsch hat zu arbeiten oder der sich gar nicht anstrengen kann, ist eigentlich unglücklich zu nennen. Wer mit zwanzig Jahren noch nicht gelernt hat, körperlich oder geistig zu arbeiten, wird es schwer haben, einen Sinn im Leben zu finden.

Auch die Arbeit allein um des Geldes willen ist nicht befriedigend. Man muss dabei abstumpfen. Es hat etwas von Sklaverei an sich, wenn körperliche Arbeit nur als Ware gehandelt wird. Glücklicherweise wird dies heute von vielen Betriebsleitungen erkannt, die nun versuchen, ihre Angestellten in übersichtliche Arbeitsprozesse einzugliedern. Es kann ein weiser Rat sein für jemanden, der ins Berufsleben eintritt, lieber eine schlechter bezahlte Tätigkeit auszuüben, die ihn aber erfüllt, als eine besser bezahlte zu ergreifen, die ihn nicht befriedigen wird. Wer sich ganz aus dem Lohn- und Gehalt-System befreien möchte, findet heute schon verschiedene Arbeitsgemeinschaften wie L'Arche oder die Camphill-Bewegung und einige alternative Unternehmen, bei denen das Geld, das jedes Mitglied bezieht, nicht mit seiner geleisteten Arbeit oder dem von ihm hergestellten Produkt aufgerechnet wird. Es ist ein Versuch, die Arbeit unabhängig vom Lebensunterhalt zu sehen, so dass jeder einzelne zum Wohle der Gemeinschaft arbeitet und die Gemeinschaft dafür sorgt, dass er die Mittel, die er für seinen und den Lebensunterhalt seiner Familie braucht, zur Verfügung hat. Auf diese Weise verkauft er nicht direkt seine Kenntnisse oder seine Arbeitskraft. Eine solche soziale Zusammenarbeit ist nur dann möglich, wenn die geistigen und ethischen Ziele der Gemeinschaft sich in dem Ideal eines jeden einzelnen Mitarbeiters widerspiegeln. Viele junge Menschen finden diesen Lebensstil heute sinnvoller als eine Einbindung in das übliche Wirtschaftsleben, wo »Arbeit« eben meistbietend verkauft wird.

Welche Tätigkeit soll der junge Mensch nun ergreifen? Früher geschah es vielleicht noch öfter, dass jemand eine besondere Befähigung hatte, die er als Auftrag in sich fühlte: Es war seine »Berufung«. So sollte man sich eigentlich die Frage stellen: »Zu was fühlt man sich berufen?« Jede neue Generation ist anders motiviert: Einst war die *Sicherheit* von allerhöchster Bedeutung; nun ist es eher der *Sinn*. Einen Sinn kann man in einem langweiligen, eintönigen Job nur schwer finden, besonders wenn nicht einmal die Aussicht besteht, auf einen interessanteren und abwechslungsreicheren Arbeitsplatz überzuwechseln. Und selbst wenn diese Aussicht für die fernere Zukunft besteht, kann ein Mensch doch verzagen bei dem Gedanken, dass er noch lange Zeit in gleichförmiger Wiederholung ein und denselben einfachen Handgriff wird tun müssen. Solche Zeiten, in denen er seine Erwartungen zurückschrauben muss, wird der junge Mensch anfangs immer durchmachen müssen, denn eine grundlegende Ausbildung erfordert zunächst oft eintönige Arbeit. Auch später wird er möglicherweise gezwungen sein, auch unliebsame Tätigkeiten auszuüben, die ihm seinen Lebensunterhalt sichern – bis er Aussichten auf etwas Besseres hat.

Die Eltern sollten sich nicht allzu sehr sorgen, wenn der Eintritt ihres Sohnes oder ihrer Tochter ins Berufsleben zunächst etwas zögerlich ist. Es ist nicht ungewöhnlich, dass verschiedene Beschäftigungen ausprobiert werden, bevor man sich endgültig entscheidet. Es wird dabei Rückschläge, Prüfungen und auch Fehlstarts geben. Aber es ist auf jeden Fall besser, überhaupt etwas auszuprobieren, auch wenn es nicht der Idealvorstellung entspricht, als auf die Ideallösung zu warten, denn die wird selten von allein eintreten. Jede Karriere setzt die Mühe an den Anfang und fordert Durchhaltekraft, was eine Herausforderung für jeden jungen Menschen bedeutet. Und er wird diese Zeit leichter durchstehen, wenn er sich bereits im Voraus der Anforderungen bewusst ist und sich innerlich darauf vorbereiten kann.

Wenn auch an der Schwelle zum 20. Lebensjahr die Wahl der beruflichen Karriere und der Eintritt in die Arbeitswelt ins Auge gefasst werden müssen, so sollte der Wert des Reisens, den wir als so wichtig für dieses Lebensalter beschrieben haben, nicht außer Acht gelassen werden. War es dem Neunzehnjährigen nicht möglich zu reisen, könnte er dies doch noch Anfang zwanzig tun! Dabei sei nochmals darauf hingewiesen, dass damit nicht zwangsläufig Reisen im geographischen Sinne gemeint sein müssen. Auch die »geistige« Reise kann eine Bereicherung bringen, kann einem das Herz öffnen und den eigenen Horizont erweitern, so dass die ganze Welt darin Platz findet. Damit ist die Welt der Ideen gemeint, die Welt der großen Errungenschaften des menschlichen Geistes, in der das göttliche Wirken spürbar zum Ausdruck kommt. Der junge Mensch an der Schwelle zum Erwachsensein sollte jede Gelegenheit wahrnehmen, seine Seele zu bereichern und so die Achtung vor allem Sein zu vertiefen, dem Sichtbaren und Unsichtbaren. In späteren Jahren werden die Verpflichtungen für Familie und Beruf diese Möglichkeiten sehr einschränken. Der Mensch wird auch später immer noch weiterlernen, aber was er sich durch seine Reisen und durch Lesen in diesen jungen Jahren erworben hat, wird ein Reichtum für das ganze Leben sein. Dadurch macht er sich wirklich »das Universum zu eigen«. Die frühen zwanziger Jahre bergen ein gewaltiges Potential in sich, wenn man bereit ist, flexibel zu sein. Es sind Jahre voller innerer Bewegung und neuer Erfahrungen.

Diese dynamische Kraft zeigt sich vor allem darin, dass Freundschaften geschlossen und Beziehungen aufgenommen werden, bei denen *Philia* entsteht und *Eros* entflammt. Jetzt weiß man, was es heißt, die Liebe eines Menschen zu empfangen, den man selbst liebt. Es kann aber auch eine Zeit tiefgefühlter Einsamkeit sein. Das Gefühl, von einem anderen nicht für wichtig genommen oder nicht für liebenswert gehalten zu werden, ist in der Regel nicht gerechtfertigt. Und doch ist das *Gefühl*, nicht geliebt zu werden, eine Realität, der man begegnen muss. Wenn ich mich einsam fühle, so ist es wahrscheinlich, dass *ich selbst* in keinem richtigen Verhältnis zu mir stehe. Einsamkeit ist ein Aufruf, das eigene Innenleben zu vertiefen, um sich dann selbst annehmen zu können. Die Gefühls-, Gedanken- und Entschlusskraft kann ganz neue Dimensionen bekommen, wenn es einem gelingt, Einsamkeit in Eigenständigkeit umzuwandeln. Dafür ist es notwendig, die eigene Einsamkeit als Ruf nach Verinnerlichung anzunehmen und willkommen zu heißen. Dann erst können Veränderungen eintreten. Henri Nouwen schreibt hierzu:

Anstatt vor unserer Einsamkeit wegzulaufen und zu versuchen, sie zu vergessen oder zu verleugnen, müssen wir sie hegen und pflegen und in eine fruchtbare Eigenständigkeit verwandeln. Um ein geistig sinnvolles Leben zu

führen, müssen wir den Mut besitzen, die Wüste der Einsamkeit zu betreten und aus ihr mit behutsamer und aus-
dauernder Mühe einen Garten der Eigenständigkeit machen. Dies erfordert nicht nur Mut, sondern auch ein star-
kes Vertrauen. So schwierig es ist, sich vorzustellen, dass
in der trockenen unfruchtbaren Wüste eine Vielzahl von
Blumen blüht, genauso schwer ist es zu glauben, dass unsere Einsamkeit eine verborgene, unbekannte Schönheit
hat. Die Wandlung von der Einsamkeit hin zur Eigenständigkeit jedoch ist der Anfang eines jeden geistigen Erle-
bens, weil es eine Bewegung weg von dem ruhelosen Sin-
nen hin zum in sich ruhenden Geist ist, von einem Flehen
nach außen zu einer Suche nach innen, vom angsterfüllten
Festklammern zum furchtlosen, gelösten Spiel.[*]

Hat man einmal das unfruchtbare Land der Einsamkeit verlassen und die Wiesen der Eigenständigkeit erreicht, wird
man eine innere geistige Ruhe erfahren. Und das wiederum
ermöglicht es einem, Menschen mit einzubeziehen, die diese
Ruhe in Freundschaft teilen wollen.

Ein Mensch, der aufrichtig und unumstößlich alle Stärken
und Schwächen, die man hat, annehmen kann, könnte der
Lebenspartner werden. Für viele steht in diesen Jahren die
Suche nach einem Lebenspartner im Vordergrund (oder zumindest im Hintergrund). Obwohl man um seine Individualität ringt, sehnt man sich danach, in eine Partnerschaft ein-
gebunden zu sein. Während natürlich sehr viel *für* einen solchen Schritt spricht, sollte man sich doch zuerst die Frage
stellen: »Bin ich schon bereit, mich für das Leben eines anderen Menschen mit verantwortlich zu fühlen, der dadurch
menschlich auf mich angewiesen sein wird?« Das wird in
einer Ehe oder einer Lebensgemeinschaft verlangt werden.

[*] Henri J. M. Nouwen: *Der dreifache Weg*, Freiburg 1989.

Es gibt keine Beziehung ohne eine nachhaltige Wirkung. Wann auch immer sie zerbricht, es entsteht eine Wunde. Oder sie wird langsam sterben, wenn sie ohne wahre gegenseitige Anteilnahme fortgeführt wird.

Die Beziehungen, die mit Anfang zwanzig gebildet werden, erfordern ein waches Bewusstsein und ein gutes Urteilsvermögen. Es ist ein Weg, den man mit offenen Augen zu gehen hat.

Wenn ein Kind ungewollt empfangen wird, dann trägt es wie auch die Eltern eine Wunde davon. Die Beziehung der Eltern untereinander sollte zuerst gefestigt sein, bevor das hinzukommt, was notwendigerweise von der Beziehung getragen werden muss. So tut ein verheiratetes Paar gut daran, das Zusammenleben zu lernen, bevor es die Verantwortung für ein Kind auf sich nimmt. Wenn es ohne Heirat und ohne festes Zugeständnis, immer miteinander leben zu wollen, zu einer Schwangerschaft kommt, müssen Entscheidungen gefällt werden, die weitreichende Folgen haben werden. Als dies unserer Tochter im Teenageralter zustieß, war ihr sofort ganz klar, dass sie nicht abtreiben, sondern für das Kind sorgen würde. Die Folgen einer solchen Entscheidung sind niemals leicht zu tragen, aber sie bergen auch eine Belohnung ganz eigener Art in sich.

Auch ein Schwangerschaftsabbruch hat Folgen, die nicht leicht sind, und die Entscheidung ist sehr qualvoll. Eine junge Frau, die sich in einer solchen Situation dafür entscheidet, die Schwangerschaft auszutragen und das Muttersein anzunehmen, wird sich neue und tiefer gehende Kraftquellen erschließen und eine innere Befriedigung erfahren dürfen.

Gedanken wie diese rufen all diejenigen auf, die ins Erwachsenenleben streben, ihre Ziele, Fähigkeiten und Werte, die während der Teenagerjahre keimten, sorgsam zu behandeln. Die geistigen Fähigkeiten haben sich weiterentwickelt, daneben steht das mächtige Gefühlsleben, während das noch zarte junge Ich beide leiten und in eine Einheit von Herz und Verstand bringen muss. Verantwortungsbewusstsein und Reife sind die Errungenschaften dieser Einheit.

Ein weiterer lebenswichtiger Schritt geht damit einher: das Eingehen von Verpflichtungen. Heirat, berufliche Laufbahn, religiöser Glaube, künstlerische Arbeit, ja, eigentlich alles, was dem Leben Sinn und Zweck verleiht, verlangt auf irgendeine Art das Eingehen einer Bindung. Das Wort an sich wird nicht gern gehört, denn es suggeriert Zwang. Der Gedanke, nicht mehr entkommen zu können, außer durch einen Bruch, ist erschreckend. Aber eine Bindung sieht nur von außen so streng aus, denn sie birgt ein überraschend schönes und kristallklares Inneres. Eine Bindung macht einen frei, und zwar in dem Sinne frei, dass Tore geöffnet und Ausblicke gewährt werden und Raum für ein tätiges Miteinander mit neuen Menschen und neuen Möglichkeiten geschaffen wird. Man wächst an sich selbst und daran, wie man sich einsetzt. Jetzt bewahrheitet sich, dass man nur etwas gewinnen kann, wenn man vorher bereit war zu geben. Wer ganz seiner Verpflichtung und seiner Aufgabe lebt, dem wird auch etwas entgegenkommen. Wer sich hingegen weigert, eine feste Bindung einzugehen, mag auf seine Unabhängigkeit stolz sein, er verliert aber etwas von seinem höheren Wert.

Wenn ein Mensch zwanzig wird, kann man ihm wünschen, dass er drei königliche Gaben entfalten wird. Die erste ist die *Ernsthaftigkeit in seinem Denken,* so dass er das Gute vom Bösen unterscheiden kann und sich mit Mut zu dem bekennen kann, was er als wahr erkannt hat. Damit entwickelt er eine URTEILSKRAFT. Die zweite Gabe ist die *Ehrfurcht in seinem Fühlen,* das heißt, dass er alles Lebende achtet und zu der Schönheit durchdringt, die sogar in dem zu finden ist, was äußerlich hässlich erscheint. Er sieht dann den Wert in allen Dingen und schätzt die Wahrheit, selbst wenn sie hinter schrecklichen Entstellungen verborgen ist. Damit erweitert er sein WELTINTERESSE. Und die dritte Gabe besteht aus *Mut und Entschlusskraft,* die ihm helfen können, Hindernisse zu überwinden oder zu beseitigen, die auf seinem Weg liegen. Und damit wächst seine MORALITÄT.

Diese drei Gaben werden ihn befähigen, Ziele, die er sich im Leben gesetzt hat, zu erreichen und seine Lebensaufgabe zu erfüllen. Wir werden dies später noch ausführlich behandeln.

Neue Horizonte

Der erwachsene Mensch lebt sein Leben in einem Spannungsfeld entgegengesetzter Kräfte, die versuchen, sein Ich zu ergreifen. Die eine Kraft ist instinktiv, die andere möchte ihn zu einem höheren Bewusstsein führen. Die instinktiven, lernbegierigen und fordernden Seelenkräfte beinhalten Wünsche, Gefühle und Triebe, die einen dazu bringen, körperliche Bedürfnisse zu befriedigen. Es ist ein Energiepotential, das den Menschen veranlasst, zu handeln und zu reagieren. Diese Kräftehülle ist der Seelen- oder Astralleib. »Gebändigt« durch den Einfluss von Kultur und Erziehung, verleiht er durch seine Farbigkeit der Individualität Lebendigkeit.

Dann gibt es das höhere Ich oder höhere Selbst. Es kann als der kosmische Anteil des leiblich-irdischen Ich bezeichnet werden und ist daher nicht an physische Beschränkungen gebunden wie das »gewöhnliche« Ich. Aber es kann in diesem aufscheinen und es dabei aus der geistigen Welt heraus inspirieren und leiten. Dafür nimmt es von dem gewöhnlichen Ich ein Destillat irdischer Erfahrungen auf. Das höhere Selbst ist der ewige Wesenskern des Menschen, der mit seinem Engel in Berührung ist. Es ist der Wesenskern der Individualität, die von Inkarnation zu Inkarnation durch alle Epochen menschlicher Entwicklung hindurchgeht. Wenn ein Mensch mit einer Erfahrung seines höheren Ich begnadet wird, fühlt er sich inspiriert und bestätigt.

Der Astralleib wird mit Eintritt der Pubertät frei für seine Tätigkeit. Diese Freiheit erlangt das Ich mit dem »Schritt ins Erwachsenenleben« im Alter von etwa einundzwanzig Jahren. So steht das Ich während der Zeit der Adoleszenz einen Schritt hinter dem Astralleib zurück, und doch kommt ihm die schwierige Aufgabe zu, dessen Kraft zu bändigen und zu bezwingen, wenn er auf dem Höhepunkt seiner Entfaltung ist. Das ist der Hauptgrund für die Spannungen in diesem Lebensabschnitt. Die Gesellschaft erwartet von dem Heranwachsenden, dass er seine Astralkräfte in annehmbaren Grenzen hält. Die Größe der Freiheit und die Authentizität der Persönlichkeit zeigt sich dann, wenn das Ich diese Grenzen bestimmt, festsetzt und bekräftigt. Um diese Aufgabe gut zu meistern, muss es sich öffnen für die Führung durch sein höheres Selbst. Vieles, was unsere Kultur ausmacht, geschieht durch die Veredelung der astralischen Kräfte, was dann im künstlerischen Tun seine Vollendung findet. Je höher der Stand der geistigen Entwicklung ist, den ein Mensch erreicht, desto weniger muss er sich nach außen hin Geltung verschaffen. Wahres Kulturschaffen, das von künstlerischen, ästhetischen und religiösen Komponenten getragen ist, eröffnet dem höheren Selbst die Möglichkeit, sich im Leben des Menschen zu manifestieren. Er wird schöpferisch, frei und handelt aus eigenem Antrieb. Seine Taten geschehen aus innerer Souveränität, und er gewinnt die Achtung seiner Mitmenschen. Wenn wir von einem »starken Ich« im wahrsten Sinne des Wortes sprechen, so meinen wir damit nicht eine besonders selbstsichere Persönlichkeit wie beispielsweise einen »Ich-bin-der-Tollste«-Machotyp oder einen selbstüberzeugten Egoisten. Es gibt nämlich einen beträchtlichen Unterschied zwischen Egoismus und Ichhaftigkeit. Der Egoist ist im Allgemeinen ein schwaches »Ich« und versucht, dies durch sein selbstsicheres und »ichbezogenes« Verhalten zu kompensieren. Ein Mensch, der wahrhaftig in sich ruht, dessen Selbst *zentriert* ist, ist also nicht »ego-zentrisch« im Sinne von selbstsüchtig oder eingebildet. Ein »selbst-zentrierter« Mensch ist großzügig, bescheiden und innerlich stark und klar. Er hat viel zu geben und tut dies frohen Herzens.

Für den erwachsenen Menschen gibt es viele geistige Übungen zur Selbsterziehung, die helfen, die Ichkraft zu stärken. Auch ein konzentriertes Studium kann dazu beitragen. Ebenso die intensive Beschäftigung mit bedeutungsvollen Inhalten. Des weiteren kann durch die Qualität zwischenmenschlichen Verhaltens eine Stärkung erfahren werden, indem man einmal genau darauf achtet, wie man spricht und zuhört. Man wird mit einem Mal an Unterhaltungen mit anderen aktiv teilnehmen, voller innerer Anteilnahme zuhören, bedächtig abwägen und klar antworten können. Und schließlich wird das Ich gestärkt, wenn der Mensch lernt, den Krisen zu begegnen, die auf ihn zukommen. Das höhere Selbst ist nicht Teil unserer vergänglichen physischen Existenz, es verbleibt in seiner geistigen Form. Es ist mit dem inkarnierten Ich verbunden, ohne es aber zu beherrschen. Tief drinnen in der fühlenden Seele lebt die Sehnsucht nach dem wahren Gefährten, dem *wahren Gemahl*. Wir sind natürlich versucht, diesen wahren Gemahl in einem anderen Menschen zu finden. Aber selbst eine sehr gute Ehe vermag selten diese Sehnsucht nach völligem Einssein, nicht nur von Leib und Leben, sondern auch von Seele und Geist, ganz zu stillen. In der Dichtkunst und vor allem in der Musik findet diese Sehnsucht oft Ausdruck, und die Seele wird von leiser Traurigkeit erfasst, wenn man erkennen muss, dass der wahre Gegenstand der Liebe in weiter Ferne verbleibt.

Aber nicht nur Musik und Poesie weisen hin auf diese eine Wahrheit, auch die Evangelien: Sie berichten uns von einem Hochzeitsfest, bei dem keine Braut anwesend ist. Es handelt sich im Grunde dabei um eine Einweihung, bei der der »Bräutigam« oder »der Sohn« mit seinem höheren Wesen verbunden wird. Dennoch gibt es Zeiten, in denen uns unser höheres Selbst nahe kommt und klarer in unserer Seele leuchtet. Es erfüllt unser Herz, unseren Geist und unser ganzes Wesen mit einem warmen Licht. Das sind Höhepunkte in unserem Leben, die wahren Höhepunkte schlechthin. Das ist kein falsches »Hochgefühl«, keine Flucht aus der Wirklichkeit, sondern nur ein festes, freudiges Annehmen dieser Gabe. Man empfindet die Bedeutung und fühlt, dass man im Einklang mit seinen höchsten Zielen arbeitet. Der Durchbruch dieses höheren Ichs wird erlebbar, wenn man von Freude und Dankbarkeit erfüllt ist. Oder, wenn man in schwierigen Situationen gegen widrige Umstände ankämpfen muss und sich dann plötzlich eine Lösung aufzeigt, die wie eine neue schöpferische Kraft wirkt und selbst die kühnsten Hoffnungen noch übersteigt. Wenn das geschieht, fühlt man sich nicht stolz (das wäre eine astralische Reaktion!), sondern bescheiden, dankbar und voll inneren Friedens. Und das sind wunderbare Momente.

Die geistige Entwicklung des Menschen hat den Punkt erreicht, wo die Ichkraft sich aus den »Zwängen« des Astralleibes befreit hat und eine Bindung mit dem höheren Selbst eingeht. Das höhere Selbst inspiriert unsere höchsten Ziele, aber es zwingt uns nicht dazu, sie zu erreichen. Durch die Verbindung dieses höheren Selbst mit unserem Schutzengel kann das Licht der geistigen Welt zu uns auf die Erde dringen.

Das gesunde Ich hat eine doppelte Aufgabe. Es muss den Astralleib organisieren, um ihn sich nutzbar zu machen, ohne ihm dabei seine Kraft und Farbigkeit zu nehmen. Und es muss danach streben, sich dem höheren Selbst zu öffnen und sich mit ihm zu verbinden, um unter seiner Führungskraft wirken zu können. Diese Arbeit dauert ein ganzes Leben lang, aber in den Entwicklungsjahren von dreizehn bis neunzehn werden die Grundlagen hierfür angelegt. Die Fähigkeiten, die durch diesen Prozess geweckt werden, sollen im Folgenden beschrieben werden.

Drei Sterne als Orientierungshilfe

Drei Charaktereigenschaften beginnen sich im Leben des Heranwachsenden allmählich herauszubilden: Es sind diese Urteilsfähigkeit, Weltinteresse und Moralität. Das höhere Ich fängt an, im täglichen Leben offenbar zu werden, und die Anlagen des jungen Menschen treten im Verlauf der Teenagerjahre immer deutlicher in Erscheinung. Die charakteristische Grundstimmung seines Lebens wird schon jetzt erkennbar.

Die Urteilsfähigkeit

Die wachsenden intellektuellen Fähigkeiten ermöglichen zunehmend auch kritische Betrachtungen. Der Teenager kann seine Umgebung dann sogar in einem übersteigerten Maß kritisieren und die ganze Ordnung, in der er lebt, rigoros ablehnen. Da er sehr empfindlich ist, verteidigt er sich sofort, wenn ihm sein Verhalten vorgeworfen wird. Er selbst aber kritisiert andere, manchmal auf sehr unerfreuliche, spottende, ja sogar destruktive Art. Aber man kann ihn auffordern, einmal etwas genauer hinzuschauen und vielleicht zu erkennen, was in den Seelen derer vorgeht, die er kritisiert. Das kann ihn dazu führen, sein Tun zu bewerten und richtig einzuschätzen. So wird er lernen, *wahr*zunehmen. Diese Fähigkeit wird sich besonders dann ausbilden, wenn Freunde, Eltern und Lehrer bereit sind, auch seine Meinung anzuhören, und sei sie auch noch so verletzend oder vernichtend. Denn nur das Gefühl, ernst genommen zu werden, wird ihn dazu bringen nachzudenken, bevor er spricht, und nicht einfach gleich seine Erregung und seine Kritik zu äußern. Wenn man ihn anhört, wird er eher darauf achten, was er sagt. Hin und wieder können seine kritischen Äußerungen auch gar nicht so sehr gefühlsbetont, sondern eher kalt und berechnend sein (also weniger luziferisch als ahrimanisch). Aber auch hier wird er, hört man ihm ernsthaft zu, schnell begreifen, dass der kalte Verstand seine Grenzen hat und dass es Dinge auf der Welt gibt, die sich nicht nur rein verstandesmäßig erklären lassen.

Durch diese Art innerer Dialektik wird das Vermögen des sicheren Urteils entwickelt. Das erfordert eine unvoreingenommene Betrachtungsweise und ein objektives Denken. Der Mensch muss sich persönlich ganz zurücknehmen und sich nur der Wahrheit öffnen. Es mag noch zu früh sein, das von einem Jugendlichen zu erwarten, der seinen inneren Standpunkt erst noch finden muss; aber die Disziplin, die ein klares Denken erfordert, und das Bemühen um ein objektives Urteil werden ihm zu einer größeren Ausgewogenheit seiner Persönlichkeit verhelfen. Mit wachsendem Urteilsvermögen wird er fähig werden, die Bedeutung einzelner Argumente abzuwägen, und er wird dann auch gern die Meinung anderer Menschen hören und begreifen, dass sie denselben Gegenstand eben aus einem anderen Blickwinkel sehen. Damit wird er erkennen, dass aus den verschiedensten Ansichten mit einem Mal die Wahrheit ans Licht treten kann.

Der Jugendliche muss auch merken, wann er in Vorurteilen befangen ist. Kann er offen gegenüber Meinungen sein, die vielleicht nicht seine eigenen sind, und trotzdem darin einen Wahrheitsgehalt erkennen? Ist er sich seiner eigenen Vorurteile bewusst? Wenn ein Mensch jeden Gedanken ablehnt, der nicht seinem Standpunkt entspricht, ist er zu keiner Entwicklung fähig. Bei der Bildung eines richtigen Urteils spielen viele Faktoren eine Rolle, aber am wichtigsten ist die Achtung vor der Wahrheit. Wenn ein Heranwachsender diese Eigenschaft zeigt, so ist das wirklich Anlass zur Freude.

Das anteilnehmende Weltinteresse

Die zweite Seelenkraft, die das Ich hervorbringt, kann mit »anteilnehmendem Weltinteresse« umschrieben werden. Das Herz öffnet sich und ist empfangsbereit. Zuvor aber muss der Mensch einen gewissen Grad von Selbstlosigkeit erreicht haben. Auch muss er die Bereitschaft entwickelt haben, Ideen aufzugreifen, sich mit einem Problem auseinanderzusetzen oder auf die Bedürfnisse anderer einzugehen, die ihn um Hilfe bitten. Dann kann er sich mit seinem Herzen nach außen wenden. Ein in sich befangener Mensch nimmt keinen Anteil an der Welt um sich herum und kann nicht im eigentlichen Sinn des Wortes mit ihr in Verbindung treten.

Der Unterschied zwischen Urteil und Weltinteresse besteht darin, dass das Urteil sich auf das Phänomen konzentriert und es objektiv bewertet, wohingegen das anteilnehmende Weltinteresse sich einen innerlichen Zugang zu dem Phänomen verschafft und so anfängt, es intuitiv zu begreifen. Wenn es darum geht, ein Kunstwerk zu beurteilen, muss das angeschaut werden, was sich einem darbietet. Unter welchen Qualen der Künstler dieses Werk vielleicht geschaffen hat oder welches Ideal auch immer er auszudrücken suchte, wird nun nicht gefragt werden. Das Urteil entscheidet nur, ob das Kunstwerk gut oder schlecht ist, gelungen oder nicht. Erst wahres Interesse würde dann das Verständnis dafür öffnen, unter welch besonderen Umständen es entstanden ist, und diese mit in die Beurteilung einbeziehen.

Sicher haben wir manchmal recht, wenn wir sagen, dass wir von den Leistungen anderer nichts halten, aber unser

Interesse wird es uns ermöglichen, doch deren Mühe und Anstrengung zu honorieren. Aufgeschlossenheit und Interesse gegenüber dem anderen ist der erste Schritt zum Mitleid. Das Urteil beschränkt sich darauf, das zu bewerten und zu richten, was sich einem offenbart. Aber ein Urteilender, der sich bemüht, menschlich zu sein, wird auch noch eine weitere Dimension gewähren. Wenn er dann den Mut besitzt, diese miteinzubeziehen, werden sich ihm neue Wege zeigen, die es ihm ermöglichen, sich in andere hineinzuversetzen. Dieses neue Element stärkt sein Einfühlungsvermögen und weckt die Kraft der Nächstenliebe.

Der Heranwachsende muss sein Interesse allen Phänomenen zuwenden, die ihm begegnen. Sein Urteilsvermögen darf dadurch nicht geschwächt werden, denn er sucht ja nach der Wahrheit. Aber das Interesse wird es ihm möglich machen, sich dem, was ihm entgegenkommt, auf eine gewisse Art verbunden zu fühlen. Dann wird er wirklich zu einem Menschen sagen können: »Ich möchte dich richtig *kennen lernen.* Ich kann zwar beurteilen, ob deine Taten gut oder schlecht sind, richtig oder falsch, aber erst wenn ich dich wirklich kenne, werde ich wissen, was dich veranlasste, so zu handeln, wie du es tatst. Das wird mir helfen, dich und dein Handeln richtig akzeptieren zu können.« Ein Urteil verlangt eine objektive Einschätzung und unsere Meinung. Das anteilnehmende Weltinteresse nähert sich einem Gegenstand eher subjektiv und verbindet den Betrachter sowohl mit dem »Kunstwerk« als auch mit dem »Künstler« und gibt so beiden die Möglichkeit, sich tiefer zu offenbaren. Darum ist es so wichtig, dass Eltern, Lehrer und Freunde in dem Heranwachsenden die Fähigkeit zum Weltinteresse wecken. Denn wo Anteilnahme besteht, kann Liebe wachsen.

Moralität

Die dritte Kraft kann Moralität genannt werden. Der Ausdruck »Moral« wird im Allgemeinen und besonders heute gebraucht im Sinne der Befolgung einer Reihe von Regeln, die schlechterdings als Maßstab für ein gutes Verhalten aufgestellt wurden. Aber das Gute wird eben nicht erreicht, indem man sich Regeln oder vorgeschriebenen Verhaltensnormen unterwirft. Sich in etwas einfügen zu müssen, heißt, den *Willen anderer* zu befolgen, während das Gute erfordert, aus freiem Entschluss handeln zu können. Eigentlich müsste jeder Mensch für sich selbst wissen, was »gut« ist, indem er ehrlich auf seine »innere Stimme« hört. Die Diskussion mit Freunden und anderen Menschen, die ihm etwas bedeuten, kann dazu beitragen, seine Vorstellungen klarer zu umreißen. Das wird ihn motivieren, die Ergebnisse seiner Taten mit denen anderer zu vergleichen. So wird er erkennen können, was sinnvoll und einleuchtend ist und was nicht. Wenn er sich einmal eine Zeitlang beobachtet, wie er auf alltägliche Ereignisse reagiert, und darüber nachdenkt, wird er allmählich lernen zu hören, was ihm dies zu sagen hat. Damit kann er sich gleichsam einen Überblick über seine Lebenssituation verschaffen. Mit Hilfe dieses Überblicks – oder dieses Plans – kann er auf jene innere Antwort stoßen, die man die »Stimme des Gewissens« nennen könnte. Anstatt stereotypen Regeln zu folgen, die sein Handeln bestimmen, wird er tiefer gehen können und ein intuitives moralisches Empfinden erlangen. Dann wird er frei und wahrhaftig handeln können, nur geleitet von seinen eigenen Idealvorstellungen.

Man stelle sich einen jungen Menschen vor, der zu einer Party eingeladen wurde, wo der Alkohol zu fließen beginnt. Er weiß, was es bedeutet, wenn bis zum Exzess getrunken wird. Er möchte aber gern dabeibleiben und zu den anderen dazugehören. Was soll er nun tun? Seine eigenen Wertvorstellungen werden in Frage gestellt. Er wird nun die Situation kritisch einschätzen und dann beschließen müssen, wie er sich verhalten soll. Bei der Entscheidung, was für ihn richtig ist, muss er auch im Auge behalten, wie er sich den anderen Anwesenden gegenüber verhält. Moralisches Handeln hat immer auch eine soziale Komponente. Es wäre gut, wenn es ihm gelänge, den anderen ihr Tun ohne erhobenen Zeigefinger bewusst zu machen, sich gleichzeitig aber durchaus sozial engagiert zu zeigen. Wenn er von seinen Idealen überzeugt ist – auch von dem Ideal, sozial zu sein –, wird sein Verhalten eine gewisse Autorität zeigen. Die anderen werden ihn respektieren und seine Worte überdenken. So kann es durchaus geschehen, dass der eine oder andere bewusster und freier handeln lernt und damit die eigene Selbstachtung behält, statt dem gesellschaftlichen Druck der Party nachzugeben.

Wie dies Beispiel zeigt, muss der junge Mensch die verschiedenen Möglichkeiten des Verhaltens überblicken können, wenn eine Entscheidung zum Handeln ansteht. Er muss auch unterscheiden können, was ihn letztlich zu seiner Entscheidung führt: Ist es ein Gedanke, ein Gefühl oder ein Instinkt? So beginnt er, seine Motive zur Entscheidungsfindung genauer zu analysieren. Vielleicht merkt er selbst, dass es noch kein klares Ergebnis ist, zu dem er gekommen ist. Es ist vielmehr eine Mischung von Gefühlen. Er ist ganz verwirrt und fühlt sich in zweierlei Richtungen gezogen. Möglicherweise *wünscht* er sich etwas, weiß aber, dass es nicht recht ist, so dass sich der Wunsch, es zu tun, und ein gewisses Schuldgefühl, das ihn zurückhält, gegenüberstehen. Oft wird ein Mensch diese Art Verwirrung verdrängen, denn sie ist unbequem und kann zur Folge haben, dass er auf das verzichten muss, was er so sehr ersehnt. Wenn der junge Mensch einmal erkannt hat, was ihn leitet, so hat er bereits damit begonnen, seine Gefühle und Instinkte mit Gedanken zu durchdringen. Die dem Denken eigene Kraft wird ihm Ruhe verschaffen. Und das hält ihn ab, Dinge zu tun, die ihn im Nachhinein reuen würden.

In diesem Prozess ist man sein eigener Ratgeber und Anwalt, denn man tut genau das, was ein Anwalt tut. Dieser versucht, die Ursache für die geistige Verfassung eines Menschen oder das Motiv für sein Handeln herauszufinden. Dann versucht er, Klarheit zu schaffen, wo sonst chaotische Verwirrung herrschen würde. Die Klarheit wiederum bringt Ruhe, und wenn der Mensch seine Entschlüsse in Ruhe treffen kann, können seine Ideale ihn leichter dabei leiten. Darüber hinaus wird er weniger leicht unter Druck geraten und kann zu einem Standpunkt finden, von dem er fühlt, dass er richtig ist. Das wird er dann auch vertreten können. Dann wird sein Tun nicht von seinen Gefühlen oder Instinkten gelenkt, sondern von seiner eigenen Gedanken- und Willenskraft. Auf diesem Weg wird er Zugang zu einer Moral finden, die nicht auf vorgegebenen Regeln beruht.

Auf diese Art herauszufinden, was richtig ist, mag ideal klingen, aber es ist der Weg des heutigen Menschen, seine Freiheit zu entwickeln. Jeder kann diese erreichen, wenn er sich darum bemüht. Wenn es einem Menschen gelingt, sein Handeln auf diese Weise zu lenken und zu bestimmen, ist er wirklich Herr seiner selbst. Dies ist eine persönliche Entwicklung, die nicht von außen erzwungen werden kann. Aber sie kann von außen angeregt werden, beispielsweise durch das Vorbild der Lebensführung von Eltern und anderen Menschen, einschließlich der Altersgenossen.

Dieser Prozess sollte sich, um zum Ziel zu führen, voll bewusst und in Freiheit vollziehen. Das Finden eigener Werte und die Suche nach Leitlinien für ein moralisches Handeln wird viel Gedankenarbeit und Mühe erfordern. Finden diese Maßstäbe aber dann Anwendung im täglichen Leben, werden sie Teil des eigenen Charakters. Der moralische Impuls, dem wir dann folgen, leitet jeden echten Fortschritt ein.

Ein moralischer Impuls erwacht in der Seele, wenn das höhere Ich sich mit dem bewussten Ich verbinden kann. Einen solchen Augenblick der Inspiration kann man sich nur dann erhoffen, wenn die Seele bereit und offen ist.

Als Abraham Lincoln einmal als Junge über einen Sklavenmarkt ging, sagte er zu sich, dass er diesen Handel mit Menschen abschaffen werde, wenn er jemals Präsident würde.

Eine Laufbahn als Seemann wurde dem späteren Admiral Nelson in jungen Jahren zunächst durch eine Krankheit vereitelt, so dass er schon jede Hoffnung darauf aufgab. Doch in einem Zustand von »plötzlich aufleuchtendem Patriotismus«, wie er es nannte, beschloss er: »Ich werde ein Held sein, und im Vertrauen auf die göttliche Vorsehung werde ich jeder Gefahr trotzen.« Diesen Gedanken trug er in seinem Herzen, bis er in der Trafalgar-Schlacht starb mit den Worten: »Gott sei gedankt, ich habe meine Pflicht getan.«

Ein Urteil erfordert die Aktivität des *Denkens*, gestützt auf das richtige Gefühl und einen starken Willen.

Das Weltinteresse bedarf des lebendigen *Fühlens*, das der Inspiration durch das höhere Ich den Weg bereiten kann.

Die Moralität sucht Gedankenkraft in den *Willen* zu bringen, so dass wir unsere Wünsche und unbewussten Begierden in der Hand haben. Dadurch wird unser Tun auf eine höhere Bewusstseinsebene gehoben und mit unseren Idealen in Einklang gebracht. Selbst in angespannten Situationen können wir dann überlegen, statt impulsiv zu handeln. All dies ermöglicht es dem höheren Ich, unser tägliches Leben zu erhellen.

Der Jugendliche erreicht diese freien Qualitäten nur durch eine fortwährende, große Anstrengung. Als er noch ein

Kind war, drehte sich die Welt gleichsam um ihn, und er war im Zentrum der Ereignisse. Nun, als Heranwachsender muss er hinter die Dinge sehen, und sein wachsendes Weltinteresse ermöglicht ihm dies. Mit zunehmendem moralischen Empfinden wird er immer mehr gewahr, was die Welt um ihn bedeutet, und dass er damit zu tun hat. Damit wird ihm auch bewusst, welche Folgen seine Taten haben, und er wird nicht mehr so leicht versucht sein, seine eigenen Wünsche auf Kosten anderer zu befriedigen. Damit erreicht er einen Zustand, der ihn seiner Lebensaufgabe näher bringt. Seine Ziele werden sich im Verlauf der Jahre deutlicher abzeichnen, und mit Hilfe dieser drei Qualitäten wird es ihm möglich sein, den Weg zu ihrer Verwirklichung zu finden.

So sieht das Ideal aus. Vielleicht ist es zu früh, dies von einem Heranwachsenden zu erwarten, denn noch fehlt ihm die Lebenserfahrung. Wenn er aber versucht, diese drei Qualitäten in sich wachzurufen und dabei Ermutigung und Unterstützung von denen erfährt, die mit ihm leben, wird seine Ichkraft wachsen, und er wird allmählich bereit sein für die Aufgaben, die ihn als Erwachsener erwarten. Er wird besser auf die Bedürfnisse anderer eingehen können. Und es wird ihm leichter fallen, sein Leben in Harmonie mit seinem höheren Selbst und mit der Welt um sich herum zu leben.

Heftige Böen

Das Segeln ist nicht aufregend, wenn das Meer immer ruhig ist und der Wind sanft aus einer günstigen Richtung weht. Gegenwinde und Böen aber erfordern in hohem Maße das Können des Kapitäns und fördern den Teamgeist der Besatzung. Der Bootsmann lernt nun, wie er mit seinem Boot umzugehen hat und wie er es flott bekommt und auf Kurs hält, um so den Ankerplatz zu erreichen, den er ins Auge gefasst hat. Ebensolches steht dem Teenager bevor, zusammen mit seinen Eltern und allen anderen, die mit ihm segeln. Der Segeltörn durch die Jahre von dreizehn bis neunzehn hat seine aufregenden Zeiten.

Wenn die starken Böen kommen, ist es lebenswichtig, tatkräftig handeln zu können. Aber wir können auch sicher sein, dass das Wetter sich wieder beruhigen wird, und dann kann sich auch der positive Effekt zeigen, den die Böen gehabt haben. Mit jeder Krise, die man durchmacht und bewältigt, wird man weiser und mitfühlender für andere.

Auf welche Arten von Böen kann man sich vorbereiten, und wie kann man sie mit wettergeschultem Seemannsauge bereits frühzeitig erkennen? Hier ein paar Beispiele:

Die vierzehnjährige Tochter hatte schon immer Lernschwierigkeiten in der Schule. Nun, mit Nachhilfestunden, kommt sie zwar zurecht – aber sie hasst die Schule. Die Schulpflicht besteht bis zum sechzehnten Lebensjahr. Sie weigert sich aber weiterzumachen. Die Eltern sehen, dass sie wirklich verzweifelt, niedergeschlagen und unglücklich ist. Ihre Lehrer haben alles versucht, aber sie will sich nicht darauf einlassen. Auch sie unterstützen ihre Idee, die Schule zu verlassen, weil sie sie für respektlos und aufsässig halten und als Störfaktor in der Klasse empfinden.

Der fünfzehnjährige Sohn will die Schule wechseln. Die Eltern wissen, dass es Ärger mit seinen Kameraden gegeben hat. Man hatte Klagen gehört, denenzufolge es bei einer Schulparty Betrunkene gegeben haben soll. Die Eltern erfahren, dass der Sohn von der Schule zu fliegen droht. Wenn sie ihn von sich aus von der Schule nehmen, bleibt ihnen die Schande eines Verweises erspart.

Der junge Mann, der mit der siebzehnjährigen Tochter eng befreundet ist, kommt ins Büro des Vaters und sagt: »Ich möchte Ihnen mitteilen, dass ich mit Jean beim Arzt war und er bestätigt hat, dass sie schwanger ist. Es tut mir leid, Ihnen diese Nachricht überbringen zu müssen.«

Der Sohn paukt für seine Abschlussprüfung in der Schule, er steht unter Stress. Auch die Eltern sind völlig angespannt, weil sie für seine Erziehung in einer Privatschule so viel Geld ausgegeben haben: Er muss es einfach gut machen! Spannungen zu Hause, Spannungen in der Schule; dabei läuft die Zeit davon. Und der Sohn schafft es nicht. Er ist einem völligen Nervenzusammenbruch nahe.

Daheim klingelt das Telefon: »Hallo, Mutti.« Es ist die achtzehnjährige Tochter. »Schlechte Nachrichten, ich kann nicht viel sagen. Lucy und ich sind auf der Polizeidienststelle in Wynberg. Sie haben uns geschnappt, zusammen mit Jack, und jeder von uns hatte einen Joint bei sich. Wir sind in Untersuchungshaft, und morgen früh kommen wir vor Gericht. Kannst du kommen? Möglicherweise brauchen wir Geld, um die Strafe zu bezahlen, wenn wir nicht freikommen. Tut mir leid, ich kann nicht mehr sagen. Mach dir keine Sorgen. Wir kommen schon durch. Tschüss.«

Einer der Söhne ist gerade mit der Schule fertig geworden. Jetzt muss er seinen Militärdienst ableisten, weigert sich aber. In manchen Ländern bedeutet dies, dass er seine Heimat verlassen und nach Möglichkeit sechs Jahre oder länger wegbleiben muss.

Wie kann man als Eltern mit solchen Krisen umgehen, die plötzlich über die Teenager und einen selbst hereinbrechen? Solche Situationen können sehr unangenehm sein, eine Herausforderung geradezu. Sie können auch dem guten Ruf ziemlich schaden. Lösungen können anstrengend und teuer sein. Wenn man einmal den ersten Schock überwunden hat, kann man sich mit dem Gedanken trösten, dass ein solches Ereignis, so schwerwiegend und zermürbend es auch sein mag, doch zu einer sich entfaltenden Biographie dazugehört. Aber es ist natürlich schwierig, im Moment der Krise zu philosophieren. Da hilft es einem nicht, wenn jemand sagt: »Reg dich nicht auf, es wird schon alles wieder gut werden.« Dies ist auch weder für die Eltern noch für den Jugendlichen der Zeitpunkt für gut gemeinte Worte über Schicksal und göttliche Führung. Da ist einfach eine Wunde und die blutet. Da sind Verwundete, die Hilfe brauchen. Genau dies geschah, als der Priester und der Schriftgelehrte auf ihrem Weg nach Jericho an dem verletzten Mann vorübergingen, nach dem sie ihm anhand ihrer Schriftrollen ausführlich bewiesen hatten, dass nur Sündern solche Unfälle zustoßen können. Zum Glück gab es noch einen Samariter, der ein praktisch veranlagter Mensch war und sofort begann, die Wunde zu versorgen.

Überlegungen im Vorfeld

Es gibt verschiedene Möglichkeiten, das Risiko, dass Dinge schief laufen, zu vermindern. Zum einen sollte man offen genug sein, auch heikle Themen zur Diskussion zu bringen und sich dabei als unerschütterlich, aber auch belehrbar zeigen. Man muss sich selbst gegenüber einen hohen Maßstab in Sachen Ehrlichkeit anlegen und gleichzeitig durch ein warmes und offenes Herz zu verstehen geben, dass man keine grauen, verstaubten Argumente ins Spiel bringen wird. Aber bei all dem muss man auch immer bedenken, dass Krisen wie Krankheiten notwendig sein können, um Änderungen herbeizuführen oder um zu einem neuen Entschluss, einem neuen Plan oder einer besseren Verständigungsform zu kommen. Was auch immer als eine Herausforderung erscheint, sich zu ändern, sollte schöpferisch angegangen werden, um so die negativen Elemente in positive Kräfte umzuwandeln.

Es ist gut, den Krisen zuvorzukommen oder doch wenigstens ihr Ausmaß in Grenzen zu halten, indem man bereits auf frühe Anzeichen eines drohenden Unheils achtet, besonders wenn der Teenager selbst durch sein Verhalten einen Hinweis gibt. Die Anzeichen sind nicht schwer zu bemerken. Das Erste ist für gewöhnlich eine Abnahme der Mitteilungsfreudigkeit. Wenn ein junger Mensch anfängt, sich in sich zurückzuziehen, deutet das darauf hin, dass ihn etwas beschäftigt, mit dem er nicht recht fertig wird. Der verstörte Blick, mangelnde Spontaneität, eine gewisse Trübsinnigkeit und Schwermut, all das deutet auf ein Problem hin. Wenn er darüber sprechen kann, wird ihm das helfen, alles neu zu überdenken. Aber es braucht viel Einfühlungsvermögen und Takt, die Gelegenheit für ein solches Gespräch so zu schaffen, dass er sie ergreifen kann. Meist muss man gar keinen konkreten Ratschlag geben. Ein guter Ratgeber rät im Übrigen niemals direkt, sondern ermutigt und unterstützt den Menschen, einen Weg zu finden, das Problem allein zu lösen. Er wird besser darauf vorbereitet sein, Schwierigkeiten zu begegnen, wenn er sich ein Bild seiner selbst geschaffen hat, das durch nichts so leicht ins Wanken gebracht wird. Wenn Dinge schief laufen, ist vor allem dieses Bild bedroht, denn der Heranwachsende ist sehr verletzlich. Wer den Jugendlichen in der Krise unterstützt und ihm mit Rat zur Seite steht, sollte ihm gegenüber vor allem eine Haltung entwickeln, die dessen Selbstwertgefühl stärkt. Das wird nicht leicht sein, wenn der Jugendliche in früher Kindheit ungewöhnliche Schwierigkeiten durchzumachen hatte. Aber wenn das während der Adoleszenz nicht gelingt, trägt er möglicherweise einen Schaden fürs Leben davon.

Im Moment der Krise

Im Augenblick der Krise werden sowohl Eltern wie auch Jugendliche fragen: »Wen können wir um Hilfe bitten?« Es ist wichtig, dann sichere Anlaufstellen zu haben. Das bedeutet, dass man sich schon im Voraus und vollkommen bewusst eine Gruppe von Menschen sucht, auf die man sich verlassen kann. Zum Beispiel die Geschwister der Eltern oder andere Familienmitglieder oder auch Nachbarn oder besonders nahe Freunde oder die Paten. Aber auch außenstehende Menschen können durch ihre Berufserfahrung hilfreich sein, beispielsweise der Pfarrer, der Hausarzt, Sozialarbeiter oder Lehrer. Auch den Telefonberatungsdienst kann man in Anspruch nehmen (wie z.B. die Telefonseelsorge).

Treten andere Schwierigkeiten auf, wie beispielsweise Drogenprobleme, sollte man sich bei besonders dafür eingerichteten Stellen Rat holen (darauf wird noch genauer im Abschnitt »Drogen« eingegangen). Vor allem sollten die Eltern natürlich zunächst einmal miteinander reden, was nicht ganz so selbstverständlich ist, wie es klingt. Oft wollen die Väter trotz ihrer männlichen Führungsrolle nicht so gern in Aktion treten, und die Mütter sind auf sich gestellt. Dabei ist gerade jetzt ein gemeinsames Vorgehen sehr wichtig. Mutter und Vater müssen sich in einem gemeinsamen Bemühen dem Problem stellen. Gerade in solchen Zeiten ist es wichtig, dass der Heranwachsende erfährt, dass seine Eltern an einem Strang ziehen. Diese werden wohl zuerst einmal alle die unbewältigten Konflikte klären und die Leerräume auffüllen müssen, die sich im Laufe der Jahre zwischen ihnen gebildet haben, was ein schmerzlicher und doch sehr wichtiger Prozess ist, der manche Schwierigkeit im Umgang miteinander und Unsicherheiten im Gefühl zutage bringen kann. Auf diese Weise aber kann das Problem ihres Teenagers eine Festigung der eigenen Partnerschaft zur Folge haben, weil es sie zwingt, ihre Ansichten auszutauschen und zu bewerten. Es ist für die Eltern genauso wichtig, mit ihren gefühlsmäßigen Reaktionen gegenüber einem Problem zurechtzukommen, wie für den Teenager selbst.

Für ihn wiederum ist es gut, bewusst zu erleben, dass er in seiner Umgebung Unterstützung findet. Abgesehen von seinen Eltern – und dem besten Freund, sofern er einen hat – kann er sich an die verschiedenen Kameraden aus seiner Gruppe wenden, denn Altersgenossen nehmen oft sehr verständig und vertrauensvoll Anteil an Problemen. Manchmal sind auch die Großeltern genau die richtigen Ansprechpartner, und im Idealfall ist der Lehrer ein Mensch, der zuverlässig helfen kann. Oder der Jugendliche findet die richtige Person in einem Betreuer, einem Priester oder Sozialarbeiter.

Der Vorschlag für die Eltern, sich ein paar sichere Anlaufstellen für den Notfall einzurichten, mag ein wenig gewollt klingen. Muss man denn Menschen dazu »ernennen«, im Notfall die Rolle von Freunden zu übernehmen? Nun, wenn man für alles gewappnet sein will, schon. Diejenigen, die mit Rat und Tat zur Seite stehen wollen, werden dies ja nicht widerwillig tun. Eher widerstrebt es einem selbst, jemanden um Hilfe zu bitten. Oft bringt man es nicht fertig, um Hilfe zu bitten, weil das auf eine Schwäche und Ohnmacht hindeutet, die man nicht gern zeigen will. Deshalb ist es eine wertvolle Vorsorge, sich, bevor die Notwendigkeit eintritt, mit dem einen oder anderen Menschen abgesprochen zu haben, um sich dann in einer schwierigen Situation an ihn wenden zu können. Für einen alleinerziehenden Elternteil ist dies besonders wichtig. Er oder sie mag oft denken: »Alles würde so viel einfacher sein, wenn ich nur einen festen Partner hätte, mit dem ich dies alles teilen könnte«, aber seltsamerweise gibt es genügend Beispiele von »gut laufenden Ehen«, in denen die Partner angesichts eines Familienproblems bemerken, wie wenig Gemeinsamkeit zwischen ihnen geblieben ist.

Abgesehen davon ist in jedem Fall der Elternteil, und im besonderen der alleinerziehende Elternteil besser auf die heftigen Böen vorbereitet, wenn er oder sie eine Anzahl von Freunden gewonnen hat, mit denen ein wechselseitiger Kontakt und ein Vertrauen, ja vielleicht auch eine gewisse Vertraulichkeit besteht. Der Beistand eines Pfarrers wird nur dann von Bedeutung sein, wenn man vorher bereits Verbindung zu ihm hatte und ihn gut genug kennt, um ihn um einen Rat in der gegebenen Situation zu bitten. Beziehungen dieser Art können nicht als selbstverständlich angenommen werden, sie bedürfen einiger Mühe und Offenheit.

Ursache der Spannungen

Wenden wir uns nun den Situationen zu, die für den Teenager eine Belastung sind und die Verständnis und Hilfe erfordern. Zunächst sind die Ereignisse zu nennen, die von außen kommen und den gewohnten Lebenslauf mit einem Schlag ändern. Dazu gehören vor allem ein Wohnortwechsel, wenn die Familie in eine ganz andere Gegend ziehen muss; der Tod eines Familienangehörigen oder die Scheidung der Eltern. Darüber hinaus gibt es natürlich noch zahlreiche Ereignisse, die den Jugendlichen persönlich – man könnte sagen, privat angehen – und die, so sehr auch andere miteinbezogen sein können, ihn ganz allein treffen. So zum

Beispiel der Verlust eines Freundes. Dies kann sich aufgrund eines Umzuges ergeben, aber es kann auch die Folge davon sein, dass ein Neuer auf den kleinen Freundeskreis des Heranwachsenden stößt und ihm mit Erfolg die Beziehung zu seinem besten Freund streitig macht. Es kann eines jener einschneidenden Erlebnisse sein, wenn die erste Freundschaft zwischen einem Jungen und einem Mädchen damit endet, dass sich einer von beiden jemand anderem zuwendet. Brüche dieser Art – oder auch nur der drohende Bruch einer Freundschaft – können in der unruhigen Zeit der Adoleszenz geradezu traumatisch werden, da die Gefühle noch so zart und empfindlich sind.

Auch andere Probleme tun sich auf. Manche Aktivitäten und Spiele mit anderen, die einem vorher so wichtig waren, verlieren plötzlich ihren Reiz. Tief greifend kann auch der Wechsel eines Lehrers sein oder der Wechsel eines Trainers, der einem den Spaß am Reiten oder Schwimmen verdirbt. Ereignisse dieser Art können den Jugendlichen in eine richtige Krise stürzen.

Auch in der Schule kann es Ärger geben. Ein schwacher Schüler leidet darunter, dass er nicht mehr mitkommt, er braucht Nachhilfestunden, muss vielleicht sogar die Schule wechseln. Vielleicht braucht er aber auch einfach nur Teilnahme und Ermunterung durch seine Eltern. Gewöhnlich erreicht ein fleißiger Schüler dann letztendlich doch sein Ziel, aber wenn er überhaupt nicht zurechtkommt und nur ständig Misserfolge erntet, sollte doch Rat von anderer Seite eingeholt werden. Auf jeden Fall muss gehandelt werden, bevor der junge Mensch sein Selbstwertgefühl vollständig verliert oder versucht ist, zu Täuschungsmanövern zu greifen, wie ungehöriges Benehmen oder Abschreiben, um so seine schlechten Leistungen zu überspielen.

Es kann auch vorkommen, dass ein bislang eigentlich guter Schüler einen plötzlichen Leistungsabfall zeigt, für den es keinen offensichtlichen Grund gibt. Oft ist es schwierig, die wahre Ursache herauszufinden. Möglicherweise liegt sie tief in der Seele des Heranwachsenden begründet. Es kann etwas sein, das zu einer Desillusionierung, wenn nicht gar zu einem Bruch in der Persönlichkeit führen kann. Solches widerfuhr einem sehr intelligenten Mädchen, das mit vierzehn Jahren ihren Eltern eröffnete, dass sie sich entschlossen hätte, Medizin zu studieren und Ärztin zu werden. Ihre Leistungen in der Schule waren hervorragend, und sie zeigte auch eine wirkliche Begabung. Vor allem hatte sie ein Ziel, das ihr einen Anreiz bot. Aber ihre Eltern machten sich nur lustig über ihre Pläne und sagten: »Glaubst du, wir zahlen dir sieben Jahre Studium dafür, dass du am Ende heiratest und alles umsonst war?« Von diesem Moment an verschlechterten sich die Noten, und sie sah keinen Sinn mehr darin, gute Ergebnisse zu erzielen. Ihr weiterer Lebensweg gestaltete sich alsdann recht schwierig.

Unter welchen Umständen auch immer er eintritt, ein Leistungsabfall ist ein Warnsignal für die Eltern, ein Aufruf herauszufinden, was vorgefallen ist. Es könnte auch ein Hinweis darauf sein, dass der Jugendliche es mit Drogen zu tun bekommen hat.

Ein anderes Extrem stellt das Problem dar, dass ein Schüler zu weit fortgeschritten ist für seine Klasse und es ihm dort langweilig wird. Auch das kann negative Folgen haben, und es sollte etwas unternommen werden: So muss man entweder die Situation ändern oder dem jungen Menschen eine positive Einstellung zu ihr vermitteln.

Ein ganz anderes Problem ist die Schikane in der Schule. Altersgenossen können sehr grausam sein, besonders zu jemandem, dessen Selbstbewusstsein sowieso schon angeknackst ist und der sich aus ethnischen, religiösen, sozialen oder politischen Gründen irgendwie nicht dazugehörig fühlt. Ein Beispiel für den letzten der genannten Gründe kann das Leben meines Bruders geben. Unsere eigentlich englische Familie lebte, als wir Kinder waren, in Florenz zu der Zeit, als das faschistische Regime unter Mussolini auf seinem Höhepunkt war. Mein Bruder war bereits Teenager und besuchte das Gymnasium. Dort wurde er von einem Lehrer angefeindet, weil er eben Engländer war, und die ganze Klasse machte mit, ihn zu schmähen. Nach einiger Zeit war er so niedergeschlagen, dass er die Schule verlassen und per Fernstudium daheim lernen musste. Kurze Zeit später kehrten wir nach England zurück, und bald darauf erkrankte er an Tuberkulose. Er war ein künstlerisch begabter Mensch und ungeheuer sensibel. So hatte sich dieser Lebensabschnitt zu einem Trauma für ihn entwickelt.

Kommt zu diesen inneren Wirren noch das Erwachen der eigenen Sexualität hinzu, erzeugt dies weitere Spannungen (wir sind darauf bereits kurz eingegangen, s. S. 36). Wenn ein Kind keine oder zu wenig Liebe in seiner familiären Umgebung erfährt, ist es sehr wahrscheinlich, dass es als Jugendlicher Probleme im Umgang mit seiner Sexualität bekommt. Der Teenager wird viel leichter damit zurechtkommen, wenn er zu Hause eine liebevolle Atmosphäre und ein Beispiel moralischer Prinzipien erlebt hat und wenn die Eltern ihm zu verstehen geben, dass sie offen mit ihm über alle Fragen sprechen.

Die Sexualität wird dann zum Problem, wenn der Intellekt und der Instinkt sich verbinden, das Herz aber unbeteiligt bleibt. Intellekt und Sex stehen in einer geheimnisvollen Beziehung zueinander. Das war den Menschen früher noch eher bewusst und zeigt sich in sprachlichen Wendungen wie: »Ein Mann erkannte sein Weib.« Es klingt noch heute in der zweifachen Bedeutung des Wortes »Konzeption« (Empfängnis oder Planung, Entwurf) nach. Beschäftigt sich der junge Mensch geistig mit Inhalten aus dem Bereich der Vorstellungswelt oder mit Fragestellungen, die sein moralisches

Empfinden betreffen, werden seine instinktiven Triebe nicht so leicht die Oberhand bekommen und sein Bewusstsein beherrschen. Auch Langeweile kann eine negative Wirkung haben, desgleichen die Reizüberflutung durch die Medien.

Eine gute Möglichkeit, seine Sexualität in die richtige Bahn zu lenken, besteht darin, Herzenskräfte zu entwickeln. Kann ein junger Mensch seiner Zuneigung in der Fürsorge für den anderen Ausdruck verschaffen, wird er weniger leicht von seinen sexuellen Trieben überrannt werden, denn dann wird er in seinen Beziehungen eher zum Geben als zum Nehmen neigen. Die wahre, warmherzige Zuneigung ist rücksichtsvoll, maßvoll und geduldig. Ein Kind, das wirkliche Liebe erfahren hat, wird als Jugendlicher fähig sein, in seinem eigenen Umkreis Zuneigung zu zeigen. Hat es diese jedoch entbehren müssen, wird es im heranwachsenden Alter besonderer Hilfe bedürfen. Die sexuelle Kraft ist ein Geschenk der Natur und sollte als solches dankbar angenommen werden. Aber so wie die Natur gepflegt werden muss, damit sie nicht verwelkt oder verwildert, so muss auch die Sexualität gepflegt werden. Die drei Qualitäten von Urteilsfähigkeit, Weltinteresse und Moralität können in der Form, wie wir sie im vorigen Kapitel beschrieben haben, dem Erwachen der Sexualität mit positiven Kräften begegnen.

Hier ein konkretes Beispiel: Wie reagiert man, wenn man erfährt, dass die siebzehnjährige Tochter heimlich die Pille nimmt? Wenn das hätte ein Geheimnis bleiben sollen und die Eltern es eigentlich nie hätten erfahren sollen – wie geht man dann mit dem zusätzlichen Problem um, dass sie die Eltern offensichtlich nicht ins Vertrauen ziehen wollte? Dieses Problem der mangelnden Kommunikation sollte als Erstes erörtert werden und erst dann das eigentliche angegangen werden. Die am Boden zerstörte Tochter wird froh sein, wenn sie ihre Fragen in Sachen Sexualität mit ihrer Mutter besprechen kann, denn sie litt bereits unter Schuldgefühlen und sehnte sich nach einem Weg, damit fertig zu werden.

Es gibt noch andere Belastungen: Zwei besonders nachhaltige Einflüsse können den Jugendlichen völlig aus der Bahn werfen. Es ist ungewöhnlich, sie in einem Atemzug zu nennen, denn es handelt sich um Drogen und Religion. Die Drogenszene ist weit verbreitet, verderbt, kostspielig, zerstörerisch und fördert die Bildung von Cliquen. Vor allem machen die Drogen abhängig. Vielleicht sollte man besser all diese Umschreibungen nicht für Exzesse religiöser Natur verwenden. Aber es gibt auch auf diesem Gebiet Gefahren, durch die die Menschen in eine irrationale Welt geführt werden, was letztlich einer Abhängigkeit nahe kommt. Wohl haben einige gefühlsorientierte religiöse Vereinigungen junge Menschen gerettet und gesund gemacht, die der Drogenabhängigkeit oder dem Alkoholismus verfallen waren und davon loskommen wollten. Und nur durch eine starke, appellierende Überzeugungskraft kann es wirklich gelingen, Menschen davon loszubringen. Solche Initiativen sind also notwendig, und doch besteht auch bei vielen religiösen Praktiken die Gefahr, dass sie sich des jungen Menschen bemächtigen und ihn seiner Freiheit berauben.

Wenn ein Teenager Opfer der einen oder anderen Sucht wird, was sollten dann seine Eltern tun? Sie müssen zunächst unbedingt mit einem positiven Interesse auf die religiöse Anziehung eingehen und Achtung davor zeigen. Was die Drogensucht anbelangt, so müssen sie vor allem der Frage nachgehen, wie es hat dazu kommen können. Auch muss der Jugendliche spüren, dass es gerade ihre Achtung vor seinem Leben ist, die sie so besorgt macht. Ob nun Drogensucht oder religiöse Exzesse – die Eltern sollten versuchen zu verstehen, worin der Anreiz für sein Handeln liegt, und dafür müssen sie ihr Herz öffnen. Mit Liebe und Verständnis müssen die Eltern alles tun, um den Dingen auf den Grund zu kommen. Im Verlauf dieses Prozesses werden sie und ihre Jugendlichen einander näher kommen.

Drogen

Es würde zu weit führen, alle Bereiche der Drogenszene im Einzelnen zu betrachten.* Einige Eltern werden bereits ihre Erfahrungen mit ihren Kindern gemacht haben. Die zum ersten Mal damit in Berührung kommen, werden einer Welt voll seltsamer Ereignisse und sich widersprechender Merkwürdigkeiten begegnen. Ich würde mich hier gern auf einige Aspekte des Rauchens von Marihuana beschränken.

Es fällt auf, dass der Jugendliche viel lässiger, aber tief drinnen viel ängstlicher wird. Er oder sie zeigt nach außen hin ein arrogantes Verhalten und sucht sich zu rechtfertigen, weiß aber, dass es kein Rauchen gibt, bei dem nicht mit dem Feuer gespielt wird. Der Jugendliche riskiert etwas, das eine Sucht werden kann. Was mit einer Steigerung des Selbstgefühls beginnt, endet mit der Zerstörung der Persönlichkeit. Und denen, die auf härtere Drogen umgestiegen sind, droht noch größeres Unheil.

In jungen Menschen wird eine Sehnsucht nach geistigen Erfahrungen wach sowie nach einer Flucht weg von der Verantwortung hin in eine Traumwelt. Die Drogen bieten dann eine schnelle Lösung und sind zunächst ohne weiteres zu haben. So kommt dem gerade schwach aufkeimenden Wunsch, Zugang zu den höheren Sphären zu bekommen, die Versuchung entgegen, ohne viel Aufwand »high« zu werden. Je-

---

* Siehe hierzu Olaf Koob: *Drogensprechstunde*, Ein pädagogisch-therapeutischer Ratgeber, Stuttgart 1990. Siehe auch das Kapitel »Jugendliche und Drogen« in: Betty Staley: *Pubertät*, Überleben zwischen Anpassung und Freiheit, Stuttgart ²1996.

doch haben die durch Drogen hervorgerufenen Halluzinationen nichts mit wahrer geistiger Erkenntnis gemein. Wir haben es heute vielfach mit Kräften zu tun, die die Entfaltung höherer Fähigkeiten im Menschen verhindern wollen. So hätte beispielsweise die Idee der Gemeinschaft eine neue Hoffnung für unsere Gesellschaft bedeuten können, aber der Kommunismus hat sie zerstört. Auf der anderen Seite wird die Bildung eines wahren Sozialstaates durch die lähmende Bürokratie des Wohlfahrtsstaates immer wieder in Frage gestellt. Solche Ansätze hätten im Sinne eines Fortschritts der Menschheit wirken sollen und werden nun durch verzerrte Vorspiegelungen vereitelt, die zwar vorgeben, alle Vorteile zu bieten und schlechterdings das Wahre zu sein, in Wirklichkeit aber die Entwicklung verzögern und blockieren und unerfahrene Menschen in ihren Bann ziehen. Die heutige Generation hat Sehnsucht nach einer Erweiterung des Bewusstseins, und der Drogenkonsum kommt dieser Sehnsucht entgegen, indem er Halluzinationen ermöglicht.

Wie nun können wir die Attraktivität dieser schrecklichen Perversion verstehen?

Der Jugendliche von heute wird in der Schule gewöhnlich mit intellektuellem Wissensstoff und durch die Medien passiv mit Sinneseindrücken überhäuft. Mit mehr, als er verdauen kann. Alles Mögliche prasselt im täglichen Unterricht, durch Walkmen, Fernsehen, Video und durch das hektische Leben in den Städten wie ein Wasserfall auf ihn nieder. Er entwickelt eine Sehnsucht, den Lauf der Welt zu stoppen und sie einfach zu verlassen. Das ist die eine Seite. Daneben steht das heutige Streben nach Individualität. Das lenkt die Hoffnung auf einen kreativen, unabhängigen Lebensstil, die jedoch wiederum durchkreuzt wird von der Aussicht, sich eines Tages höchstwahrscheinlich in einer Tätigkeit ohne Aufstiegschancen wiederzufinden. Gefangen in dieser Situation sagt der junge Mensch: »Nein, es ist hoffnungslos«, und sucht zu entfliehen.

»Wie soll ich jemals das erreichen, was ich möchte? Wie soll ich mir etwas aufbauen, wie Verständnis finden für meine Wünsche? Es hat ja doch alles keinen Sinn. Was soll's noch?« Er sieht sich einer Welt voll Egoismus, Hässlichkeit, materialistischen Bestrebungen und Gewalt gegenüber und kann den Anblick nicht ertragen. So sucht er eine Möglichkeit, Harmonie zu finden, Freude, ja Ekstase oder doch zumindest Erleichterung von seinem Druck. Einsamkeit und Langeweile breiten sich aus, wo immer die Medien das Leben bestimmen. Weder Kassetten noch Fernseher oder ähnliche passive Unterhaltungsmöglichkeiten können den Konsumenten wirklich befriedigen, denn er tut selbst nichts, um einen Klang oder einen Inhalt zu erzeugen, sondern drückt lediglich auf einen Knopf. Und was dann ertönt, ist auch keine echte Musik oder lebendige Stimme, sondern lediglich deren elektronische Wiedergabe. Die Freudlosigkeit, die Einsamkeit und Hoffnungslosigkeit, die unmerklich von dem jungen Menschen Besitz ergreifen und sich auch auf seine Umgebung übertragen, werden durch die sinnlosen und gewalttätigen Inhalte der Filme und Videos noch verstärkt. Welch ein großer Unterschied besteht da zu etwas, das man selbst schafft: zum Beispiel ein Theaterstück, das man gemeinsam probt und zur Aufführung bringt und das dann in seiner ganzen lebendigen Atmosphäre aufgenommen werden kann. Gibt es solche Anregungen nicht, muss der Wunsch entstehen, abzuschalten und zu träumen, eine Welt voller Harmonie zu finden oder schöne Formen und Farben zu zaubern, die die graue Eintönigkeit vertreiben sollen. Oder sich innerlich zu weiten und einen Augenblick der Ruhe, eine Stunde Aufschub zu erhaschen. Das ist der Anfang. Und das Ende? Vielleicht wird es nur eine Weile ausprobiert und geht vorüber. Wenn es allerdings andauert, können die Willenskraft, die Konzentrationsfähigkeit und schließlich jede Selbstachtung zerstört werden. Und das Gesetz wird hart eingreifen.

Diese Tatsachen müssen von allen, die mit der Drogenszene in Berührung kommen, ganz klar gesehen werden und müssen auch den Jugendlichen vor Augen gehalten werden. Möglicherweise bemerken die Eltern lange Zeit gar nicht, dass ihr Heranwachsender Marihuana raucht. Darauf angesprochen, wird er es zunächst leugnen, wird sich dann jede Einmischung in seine Angelegenheiten verbitten oder erklären, dass es keine Gewohnheit sei und er es jederzeit wieder aufgeben könne. Wenn man das bezweifelt, wird er vorbringen, dass andere geduldete Süchte, wie Alkoholismus, viel schlimmer seien. Vielleicht bringt man ihn dazu, dass er verspricht aufzuhören, aber man sollte sich keine Illusionen darüber machen, wie schwer das ist, selbst wenn das Versprechen ernst gemeint war. Wenn er wirklich aufhören will, muss er seinen Lebensstil ändern und sich eigentlich neue Freunde suchen. Die Drogenszene ist heute weiter verbreitet, als man denkt, und ist voller Verlockungen. Die Eltern müssen sich gut informieren und offen über die Gefahren reden und über die richtigen Wege, auf denen geistige Erfahrungen zu erlangen sind.[*]

Der Umgang mit diesem Problem erfordert ein klares Verständnis des Unterschieds zwischen dem Teenager als Menschen und seinem Verhalten. Das Verhalten kann der Gegenstand eines Urteils, ja möglicherweise einer Verurteilung sein; nicht aber der Mensch. Denn hinter jedem selbstsicheren »Raucher« verbirgt sich eine zarte, ängstliche junge Seele, die in Schwierigkeiten steckt. Obwohl der Jugendliche eine defensive Stellung einnimmt, sehnt er sich nach einem verständnisvollen und liebevollen Umgang. »Lass mich jetzt nicht im Stich«, ist die Botschaft, die aus ihm spricht. Es kann sein, dass man die Drogenberatung eines Experten in

---

[*] Siehe hierzu Rudolf Steiner: *Wie erlangt man Erkenntnisse der höheren Welten?*, GA 10, Dornach [24]1993.

Anspruch nehmen muss, aber wichtig ist vor allem, dass die Eltern zu ihrem Heranwachsenden halten und ihn warmherzig unterstützen, trotz seiner Taten. Die Drogenszene kann nämlich ein Ort des Schreckens für junge Menschen sein, besonders wenn sie zwischen Dealern und dem Rauschgiftdezernat in Bedrängnis geraten.

Auch in sich selbst fühlen sie einen Kampf zwischen dem, was sie als richtig und vernünftig erkannt haben, und dem dringenden Verlangen – oder unter dem Druck der Kameraden –, das Experiment einzugehen. Und dies alles geschieht letztlich, um der Welt um sich herum zu entfliehen, die nicht für sie gemacht zu sein scheint.

Auf der Suche nach Lösungen

Es ist ein schöpferischer Prozess, einen Weg zur Lösung eines Problems zu finden, denn es erfordert den zwischenmenschlichen Kontakt. Man muss miteinander reden. Das Fragen, Suchen und Klären setzt eine intuitive, heilende Kraft frei, und ein kleiner Hoffnungsschimmer scheint auf, Horizonte eröffnen sich, und das gegenseitige Verständnis vertieft sich. Dann kommt einem vielleicht ein Gedanke. Das macht Mut, und das Problem kann ergriffen und angegangen werden. Die Betroffenen haben sich eigene Kraftquellen erschlossen, um dem zu begegnen, was ansteht.

Das Ziel muss klar umrissen sein, bevor sich Ideen bilden können, wie es zu erreichen ist. Dieser Prozess erfordert eine Bedenkzeit und innere Ruhe. Das Leben in Afrika lehrt uns, mit Buschfeuern umzugehen. Wenn man auf ein bereits brennendes Buschfeuer stößt, so nutzt es nichts, hinzurennen und es allein löschen zu wollen. Man muss es brennen lassen, während man Helfer zusammenruft und überlegt, wie man weiter vorgehen muss. Dabei muss der Wind berücksichtigt werden, die Art der brennenden Vegetation und was durch die sich ausbreitenden Flammen bedroht ist. Dann muss entschieden werden, auf was man seine Bemühungen jetzt konzentrieren will. Vielleicht wird der Entschluss so aussehen, dass man das Feuer als solches gar nicht löscht, sondern in einiger Entfernung eine Schneise schlägt, so dass es dort dann von selbst ausgeht. Wie auch immer die Vorgehensweise aussehen mag: Das Wichtigste ist, Leute zu Hilfe zu rufen, bevor man selbst überwältigt wird, und mit kühlem Kopf einen Plan zu fassen, der die Situation richtig einschätzt.

Vielen Problemen kann man zuvorkommen, wenn die Jugendlichen ihr Widerstreben überwinden können, sich ihren Eltern mitzuteilen, und das wird ihnen leichter fallen, wenn die Eltern Schritt halten können mit den Entwicklungsstufen ihrer Jugendlichen während der Teenagerjahre. Die Ereignisse während der Adoleszenz haben ihre ganz eigene Dynamik. Es gibt keinen Stillstand, keine Starre, sondern nur ständige Bewegung, und es geht immer *vorwärts*.

Hier seien einige Hinweise noch einmal zusammengefasst. Für den Fall, dass etwas schief geht, gibt es einige Grundregeln, die hilfreich sein können:

Akzeptieren Sie das Problem! Bringen Sie es auf den Punkt!
Werden Sie sich über Ihre eigenen Gefühle klar, akzeptieren Sie diese!
Besprechen Sie alles offen mit Sohn oder Tochter!
Schätzen Sie den Ernst der Lage ein!
Machen Sie sich ein Bild davon, was jeder gerade durchmacht!
Versuchen Sie, Wärme und Verständnis auszuströmen!
Ziehen Sie sich für ein paar Minuten zurück, in denen Sie sich auf sich selbst besinnen!
Bitten Sie Menschen um Hilfe, auf deren Lebensweisheit und Diskretion Sie sich verlassen können!

Je mehr der Jugendliche mit den Eltern teilen kann, desto besser ist es, denn vieles wird sich für ihn klären, wenn er sich aussprechen kann. So kann es durchaus sein, dass er selbst zu einer Lösung findet, wenn er sich wirklich öffnet und erkennt, was ihn beunruhigt. Aber das Problem, das er anspricht, ist vielleicht nur ein äußerliches Symptom dessen, was ihn eigentlich bewegt und was noch gründlicherer Nachforschungen bedarf. So muss man gut abspüren, zu welchem Zeitpunkt man die Hilfe eines Fachmannes hinzuziehen sollte. Und doch darf nicht aus jedem Problem gleich ein zu großes Thema gemacht werden. Deshalb muss man die eigene Reaktion genau hinterfragen, um zu sehen, ob sie wirklich gerechtfertigt ist.

Manchmal ist es nicht leicht, eine Lösung zu finden, und es bedarf mehrerer Gespräche, bis sie sich zeigt. Schnelle Lösungen helfen oft nicht auf Dauer. Nur wenn man die Situation angemessen einschätzt, wird die Lösung Bestand haben. Man muss aber einen konkreten Plan fassen und ihn auch ausführen, denn dass etwas geschehen muss, um das Problem und seine Auswirkungen aus der Welt zu schaffen, ist offensichtlich. Hilft man einem jungen Teenager, ist es wichtig, dass die Eltern Autoritätspersonen bleiben, wohingegen ein älterer Teenager sich aufgerufen fühlen sollte, selbst eine Lösung zu finden. In jedem Fall muss der Jugendliche die Lösung selbst für gut und durchführbar halten. Sonst wird es nicht gut gehen.

Wie bereits oben erwähnt (S. 109), kann es durchaus gut sein, wenn der Jugendliche sein Problem zunächst nicht seinen Eltern, sondern anderen Menschen anvertraut, zumal, wenn er sich diesen gegenüber freier fühlt. So vermeidet er es vielleicht, über schwierige Dinge mit seinen Eltern zu reden, und wendet sich lieber an einen Freund der Familie, zu dem er Vertrauen hat. Die Eltern können sich dann ausgeschlossen fühlen. Allzu leicht entwickeln sie dann einen Unwillen gegenüber diesem Menschen, der sich offenbar einmischt. Wenn sie das aber akzeptieren und auch verstehen können, werden sie dankbar dafür sein, dass ihr Heranwachsender sich wenigstens jemandem anvertrauen konnte, der helfen kann. Dieses Dankbarkeitsgefühl wiederum wird es der Vertrauensperson ermöglichen, zwischen ihnen und dem unglücklichen Jugendlichen eine Brücke zu schlagen.

Die Eltern werden erkennen müssen, dass sie derlei Problemen mit sehr viel Liebe zu begegnen haben. Es kann ihnen schwer fallen, nicht selbstgerecht zu urteilen, aber es ist gut, wenn sie es vermeiden, als »heilig« dazustehen. Die Adoleszenz ist ein Wachstumsprozess, und die vielen notwendigen Anpassungen auf jeder Stufe müssen unweigerlich Probleme aufwerfen. Sie sind aber ein Hinweis für den steten Wandel, und wenn man richtig mit ihnen umgeht, können sie zu wertvollen Lebenserfahrungen werden.

Auch wenn die Umgebung des Teenagers in Ordnung ist und er gut vorankommt, so ist seine Erlebniswelt doch ständigem Wandel unterworfen. Durch sein verändertes Selbstgefühl hat er einen anderen Bezug zu sich selbst und wird auch mit seinen Eltern anders umgehen wollen. Er wird weniger mit ihnen als mit sich selbst zu tun haben. Durch den Verlust des äußeren Haltes und der gleichzeitig wachsenden Freiheit kann er sich ausgesetzt, unsicher und unfertig fühlen. Er hat womöglich die Empfindung, so allein zu sein wie noch nie zuvor. Seine körperliche Entwicklung wird ihm zwar ein gewisses Selbstbewusstsein geben, aber nur äußerlich. In sich hat er ein nagendes Gefühl der Unzulänglichkeit, das von seinen Selbstzweifeln herrührt. Es entsteht eine Spannung zwischen dem, was in seinem Innern heranwächst, und dem, was sich außen abspielt.

Weil er sich so allein fühlt, fällt es ihm nicht leicht, seine inneren Erfahrungen einer anderen Person mitzuteilen. Es ist auch nicht einfach, einem anderen, selbst einem Elternteil, einen Blick in die eigene innere Leere und Verwirrung zu gewähren. Wenn er sich offenbart, fühlt er erst, wie verletzlich er ist. Er zeigt seine Schwäche, was sein Selbstwertgefühl hart ankommt und was ihm fast als Demütigung vorkommt. In seltenen Augenblicken wird er wirklich offen sein. Diese können für die Eltern eine Gelegenheit sein, ihm etwas zu sagen. Aber sie sollten sich jetzt zurückhalten und seine Verwundbarkeit mit Liebe umfangen.

Ein älterer Teenager kann sich in seiner Ausdrucksweise kurz angebunden, ungeduldig, unvernünftig oder gar verächtlich zeigen. Aber das ist in diesem Augenblick vielleicht seine einzige Möglichkeit, seinen Unabhängigkeitsbestrebungen Ausdruck zu verleihen, und dieser Impuls darf keinesfalls unterdrückt werden. Das heißt jedoch nicht, dass man schlechtes Benehmen tolerieren muss. Aber man kommt weiter, wenn man aus diesen Misstönen heraus hören kann, wie er sagt: »Bitte unterlauft nicht meinen Versuch, ein freier Mensch zu werden. Ich habe es nicht leicht. Und gerade jetzt bin ich kurz davor zu ersticken und muss mir irgendwie Luft machen!«

Die Sehnsucht nach Unabhängigkeit ist ein Hauptgrund dafür, dass ein älterer Heranwachsender oft einen direkten Rat abweist, denn es bringt ihn in eine Zwickmühle. Er kann sich nicht gestatten zu prüfen, ob der Ratschlag vielleicht tatsächlich gut ist. Er sieht darin nur eine unerwünschte Beeinträchtigung seiner Freiheit. Er hasst den Gedanken, sich einer Autorität unterwerfen zu müssen. Wenn er aber den Ratschlag annimmt, tut er etwas, was andere ihm vorgeschrieben haben, und handelt nicht mehr aus freien Stücken. Wenn er den Ratschlag ablehnt, um seine Unabhängigkeit geltend zu machen, macht er sich selbst vor, frei zu sein, obwohl er findet, dass er es eigentlich gar nicht ist. Wie oft schaut ein Mensch auf seine eigenen Teenagerjahre zurück und sagt zu seinen Eltern: »Ich weiß, dass das, was ihr mir sagtet, richtig war, aber ich konnte und wollte es damals nicht akzeptieren.«

Das bedeutet, dass es noch einen anderen Aspekt gibt, den wir im Umgang mit unseren heranwachsenden Söhnen und Töchtern im Bewusstsein tragen sollten. Der Heranwachsende kann nicht umhin, durch verwirrende Lebensphasen zu gehen, obwohl er sich dessen manchmal gar nicht bewusst ist. Es ist schwierig für Eltern, zu verstehen, warum ein Teenager gerade so und nicht so reagiert. Ihre einzige Möglichkeit besteht darin zu versuchen, ihm dort zu begegnen, wo er gerade steht, und nicht da, wo die Eltern ihn gerne sähen. Das bedeutet, dass man seine Verwirrung respektiert, weil sie zu seinen Bemühungen gehört, sich über seinen Standort klarzuwerden.

Den Kontakt halten

Wenn etwas schief geht, müssen die Eltern sich einmischen und, wenn nötig, auch noch andere mit einbeziehen. Wenn sie jetzt nach dem Motto handeln: »Er hat sich die Suppe selbst eingebrockt, jetzt muss er sie auch selbst auslöffeln«, kann das verhängnisvoll sein. Man würde auch eine Chance ungenutzt verstreichen lassen, Teilnahme und Liebe zeigen zu können. Krisenhafte Zeiten und problematische Situationen bringen Menschen einander näher, die Eltern, die Teenager und den weiteren Umkreis. Und alle werden irgendwie von der Tatsache profitieren, dass sie sich umeinander kümmern.

Aussprache und Verständnis sind nötig. Aber auch die Konfrontation. Ein guter Zuhörer bringt den jungen Menschen dazu, von seinen Gefühlen und Verwirrungen zu sprechen. Er kann sich dann in einem klaren Licht sehen. Der Zuhörer beschwört eigentlich keine Konfrontation herauf, sondern hält dem jungen Menschen lediglich einen Spiegel vor, so dass dieser sich mit sich selbst konfrontiert sieht. Dadurch wird er zum eigenen Richter seines Handelns. Und das ist eine wirksamere Konfrontation, als wenn man ihn mit einem Gefühlsausbruch gegenübertritt. Der Teenager kann durch die Begegnung mit sich selbst wachsen. Er kann es nicht, wenn er lediglich auf die Emotionen seiner Eltern stößt.

Hier ist Standhaftigkeit, nicht Weichheit angebracht. Kein Zugeständnis, sondern ein Verständnis. Nicht bloße Toleranz, sondern der Versuch, jede Situation ins Positive umzuwandeln. Wenn man mit einem Teenager in eine Auseinandersetzung gerät, weil man in sich selbst ungelöste Spannungen hat, wird er das mit Recht übel nehmen. Aber tief in seiner Seele wird er den gerechten Zorn respektieren, dem er begegnet, wenn er sich unter sein Niveau begeben hat und anderen wegen seiner Gedankenlosigkeit und Selbstbezogenheit Kummer machte. Als der junge Mann mir erklärte, dass meine sechzehnjährige Tochter schwanger wäre, brachte ich gerade noch genügend Selbstkontrolle auf. Und doch hörte ich mich mit einer Strenge und einem Ernst sprechen, wie ich es nur selten an mir erlebt hatte. Das sind innere Quellen, die sich einem auftun, wenn einen das Leben berührt.

Und das eben ist die Adoleszenz: Man kommt mit dem wahren Leben in Berührung.

Anlegen

Es öffnen sich dem Heranwachsenden zwei Welten: die äußere und die innere. Die äußere Welt bringt ihn mit all dem, was um ihn herum geschieht, in Kontakt. In ihr begegnet er Menschen, von denen er viel lernen kann. Es ist eine Welt, die ständigen Einsatz fordert, und manchmal wird er sich mit ihr verbunden fühlen und völlig in ihr aufgehen. Ein anderes Mal wird sie ihm ganz fremd sein. Er wird viele Beziehungen in ihr haben. Nicht nur die gegebenen wie die Familie, seine Lehrer und Schulkameraden, sondern auch solche, die er sich aussucht, weil diese Menschen ihn anziehen. Von einigen wird er enttäuscht werden, andere werden ihm Kummer zufügen. Zu Zeiten wird er sich von der Welt abgeschnitten und allein fühlen. Er wird das Leben um sich herum wie von außen betrachten, unfähig, sich damit zu verbinden, bis er durch eine innere Öffnung oder eine hilfreiche Hand wieder Anteil nehmen kann und das Gefühl der Verlassenheit schwindet. Manchmal wird er sich geradezu danach sehnen, allein zu sein. Das sind die Zeiten, in denen er gedanklich beschäftigt ist, oder in denen sich neue persönliche Fähigkeiten entwickeln, aus denen er die Kraft schöpft, sich später wieder mehr nach außen hin zu engagieren.

Aber es gibt noch ein anderes Alleinsein, das mit seiner anderen Welt zu tun hat: mit dem *Innenleben,* das ihm während der Teenagerjahre erwächst. Es ist dies die Welt des inneren Fühlens und des Bewusstseins vom eigenen Selbst. Aus diesen Sphären kommen seine tieferen Inspirationen und die innere Führung, die ihm helfen werden, Entscheidungen zu fällen und jenen Problemen zu begegnen, die die Werte berühren, die er wahren möchte. Weil dies alles so sehr persönlich ist, ist es nicht leicht, mit anderen zu teilen, was in dieser Innenwelt lebt. Während dieser Jahre ist dies noch in Entwicklung begriffen und sehr zart, und es stellt einen neuen Erfahrungsbereich für den jungen Menschen dar. Diese innere Welt kann im Vergleich zu der Stärke und Sicherheit der äußeren Welt unbedeutend erscheinen. Auch kann die Kluft zwischen beiden so tief erscheinen, dass der junge Mensch meint, nicht in beiden leben zu können und sich für eine von beiden entscheiden zu müssen. Die Innenwelt gründet sich nicht auf vorgegebenen Tatsachen oder festen Formen, vielmehr scheint es so, als ob dort alles Mögliche entstehen könne, so dass eine feine Beobachtung nötig ist, um zu erkennen, was genau es ist. Es ist ein heiliger Ort, und was darin vor sich geht, kann nicht einmal von dem jungen Menschen selbst voll und ganz erfasst werden. Es können großartige Ideen dort entstehen, die ihn hoffnungsvoll auf sein künftiges Leben schauen lassen, selbst wenn die derzeitigen Aussichten eher trüb sind. Dort herrscht eine Dynamik und eine ständige Bewegung, die den jungen Menschen auf die höchsten Gipfel des Glückes und in die tiefsten Talsohlen der Trauer führen. Es ist der Ort, an dem er sich seiner selbst bewusst wird, aber gleichzeitig seine Verwundbarkeit erkennt. Was dort lebt, ist nicht für die Öffentlichkeit bestimmt, und jede Einmischung wird als Verletzung dieser Hoheitssphäre erlebt werden und wird von der Furcht begleitet sein, lächerlich gemacht zu werden. Wenn der junge Mensch verlacht wird, kann er tief verwundet sein und reagiert möglicherweise so, dass er die Existenz seines Inneren leugnet, es abschottet und sich auf äußere Aktivitäten stürzt, die nicht von ihm verlangen, dass er so bewusst mit sich umgeht. Aber damit verleugnet er sich selbst und meidet die Begegnung mit sich. Auf diese Weise hört er auf, sich um das zu bemühen, was wirklich seine Aufgabe ist.

Der junge Mensch muss dazu ermutigt werden, seine innere Welt anzunehmen und sie sich anzueignen. Wenn er seine Erfahrungen mit jemandem teilen kann, wird er sich dort leichter zurechtfinden. Aber dieser andere Mensch muss sich im Klaren darüber sein, dass er in einen sehr persönlichen Raum eingelassen wird, in dem sich alles noch in der Entwicklung befindet und den er als etwas achten muss, das von höchster Bedeutung für sein Gegenüber ist. Solch ein Mensch sollte vor allem bereits seine eigene Innerlichkeit erfahren und angenommen haben, aber auch ganz lebenspraktisch mit der Welt der äußeren Aktivitäten verbunden sein.

Derjenige, der diese innere Sphäre betreten darf, legt in der Tat an dem Ufer der fremden Persönlichkeit an: Er begegnet ihr und sie begegnet ihm. Der Heranwachsende sucht die Begegnung und sehnt sich danach, dort bestätigt zu werden, wo er selbst am Aufbau seiner Persönlichkeit tätig ist. Aber es kommt selten vor, dass ein junger Mensch eine solche Begegnung hat, denn es gibt zu wenig Menschen, die in sich selbst den Respekt, die Sensibilität und die Selbstlosigkeit entwickelt haben, die idealerweise nötig wären, um dem innersten Heiligsten eines anderen Menschen zu begegnen. Diese Qualitäten sind wahrlich Zeichen der Menschlichkeit und bilden die Grundlage für eine wahre Beziehung. Sie müssen hart erarbeitet werden, aber niemand sollte glauben, dass er sie nicht erreichen könnte. Selbst derjenige, der immer noch nach dieser Sensibilität strebt, kann in die Lage kommen, die innerste Sphäre eines Heranwachsenden anvertraut zu bekommen, und er wird dann, obwohl nur ungenügend vorbereitet, dennoch Zugang gewinnen und die Situation meistern. Er muss sich jedoch bewusst sein, dass auch er noch an sich arbeiten muss, und wird sich nach einer Vervollkommnung seines Wesens sehnen. Das wird ihm helfen, ohne Missverständnisse oder Verletzung einen Zugang zu finden. Er muss allerdings seine eigenen Absichten, Vorstellungen und Sorgen beiseite lassen und sich dem, was der junge Mensch ihm mitteilen möchte, mit warmem Herzen hingeben.

Es bedarf eines auslösenden Moments, um eine neue Beziehung in Gang zu bringen, und oft beginnt es damit, dass ein Mensch etwas von einem anderen erbittet. Das kann dann Auswirkungen in beide Richtungen haben, denn es kann einem scheinbar wenig begabten Menschen eine große Selbstbestätigung sein, von einem Begabteren um Hilfe gebeten zu werden. Als Jesus in Samaria war, setzte er sich bei der Jakobsquelle nieder, und eine Frau begegnete ihm. Das erste Wort, das Jesus sprach, war die Bitte um einen Schluck Wasser (Joh 4,7). Eine Begegnung kann nur auf der Basis vollständiger gegenseitiger Achtung stattfinden.

Ein Mensch, der in seiner inneren Entwicklung bereits fortgeschritten ist, sollte dem Jugendlichen nicht gegenübertreten, um ihm zu *helfen*, denn das wäre herablassend. Es kommt darauf an, einander auf derselben Ebene zu begegnen und die Gleichrangigkeit der Partner deutlich zu machen. Der Jugendliche sehnt sich danach, in seiner Welt bestätigt zu werden, aber für gewöhnlich hat er Menschen um sich, die ihn *belehren* wollen, ihn lenken und ihm seine Fehler zeigen wollen, um ihm klarzumachen, dass er noch viel lernen muss. Das mag für die Belange der Außenwelt angemessen sein, obwohl auch dort der Jugendliche mehr lernen wird, wenn der Erwachsene ihn korrigieren kann, ohne ihm das Gefühl von Minderwertigkeit zu vermitteln. Die Begegnung in der inneren Sphäre darf jedoch nicht von der Absicht geleitet werden, eine Veränderung zu bewirken, sondern zu *bestätigen*. Letztlich *wird* dies dann eine Veränderung bringen, aber auf eine andere Art: Ohne Belehrung wird der Jugendliche aus den Erfahrungen lernen, die er bei einer solchen Begegnung macht.

Der Mensch, der dem Heranwachsenden wirklich *begegnen* kann, achtet in ihm das Ewige, was sich allmählich entfaltet. Es ist die Fähigkeit, zu hören und aus seinem eigenen tiefsten Empfinden heraus sprechen zu können, die diese wahre Begegnung ermöglicht, und ein Zeichen für das Gelingen ist es, wenn *beide* neue Tiefen in sich selbst entdecken. Bestimmte Impulse und stille Hoffnungen werden dann wachgerufen. Gedanken und Gefühle, die von Unsicherheit oder einer Verwirrung überlagert waren, kommen zum Vorschein. Ein guter Zuhörer kann schlafende Erinnerungen wachrufen und Licht werfen auf verwirrende Erlebnisse, die man bemüht war zu vergessen. Wie erleichternd ist es, einem Menschen schließlich Dinge mitteilen zu können, die man vorher niemals jemandem zu sagen gewagt hätte!

Solches ereignet sich, wenn man sich einer wahren Begegnung öffnet. Sie gibt einem Bestätigung. Es werden Energien freigesetzt, sich für wertvolle Ideale einzusetzen. Und es werden die Qualitäten gestärkt, die ein Jugendlicher im Geheimen auszubilden sucht, verborgen vor dem Blick derjenigen, die ihn vielleicht nicht verstehen würden. Eine Begegnung dieser Art zu erleben, kann für den Heranwachsenden von nachhaltiger Bedeutung sein, weil sie ihm ermöglicht, sein innerstes Selbst anzunehmen und einen Sinn darin zu sehen, es noch weiter zu erkunden und seinen Wert zu finden. Es wäre gut, solche Begegnungen wären nicht nur einmalig, sondern wiederholten sich, bis der Jugendliche ein innerlich ganz gefestigter Erwachsener geworden ist.

Innerhalb dieser Sphäre kann sich etwas offenbaren, was über das Individuelle hinausgeht. Es ist das »Ich«, aber es ist noch mehr, denn wir kommen hier mit dem Menschsein als solchem in Berührung.

Wenn der junge Mensch seine eigene *Menschlichkeit* entdeckt, seine eigene Tiefe und seine Fähigkeiten und ihm diese von einem verständnisvollen Freund so bestätigt werden, wird er auch der Welt um sich herum mit Mut, Toleranz und Achtung begegnen können. Wenn aber niemand ihm begegnet, der ihn akzeptiert und ermutigt, wenn er niemandem Vertrauen schenken kann, weil er sich selbst nicht traut, offen zu sein, besteht die Gefahr, dass dieser Wesensteil in ihm verwelkt. Sein Leben kann dann nur wenig mehr als lediglich eine Reaktion auf das sein, was von außen auf ihn zukommt. Oder er kann sein Innenleben verschließen; dann wären seine Kontakte zur Welt nur ein unwirkliches Schauspiel. Ein solcher Mensch wird so viel geben wie nötig, aber niemals sich selbst.

Der junge Mensch, der eine echte Begegnung hatte, wird sie nie vergessen, und die Erinnerung daran wird immer in ihm lebendig bleiben. Aber dazu sind Menschen nötig, die zumindest begonnen haben, die Qualitäten zu entwickeln, die eine solche Begegnung ermöglichen. Es soll keine Kritik an dem einen oder anderen Elternteil sein, wenn er oder sie noch nicht als ein solcher Freund fungieren kann. Manchmal ist dies auch leichter für jemanden, der etwas entfernt steht und den Heranwachsenden als solchen wahrnimmt und nicht Gefahr läuft, das einstige Kind in ihm zu sehen. Auf der anderen Seite ist es nur natürlich, dass gerade die Eltern auf diese Weise angenommen werden wollen, und es ist schön, wenn das gelingt.

Menschen mit diesen Qualitäten sind wichtiger denn je in unserer Zeit, die ein so großes Gewicht auf Individualismus und Selbständigkeit legt. Jedermann weiß, dass der Schlüssel dazu in der »Verständigung« liegt, aber nur wenige Menschen kennen das Geheimnis einer echten Kommunikation.

Diejenigen Menschen, die während ihrer Jugendzeit eine wahre Begegnung hatten, werden in ihrem späteren Leben anderen Menschen mit besonderem Einfühlungsvermögen gegenübertreten können.

Vor Anker gehen

Blättert man im Familienfotoalbum, lässt sich nachvollziehen, was hier dargestellt wurde. Die Kinder zeigen Veränderungen von Jahr zu Jahr, und es wird der Augenblick ins Gedächtnis gerufen, als der Älteste seine Jugendzeit begann und wie die anderen nachfolgten, bis einer nach dem anderen zwanzig wurde. Eine inhaltsreiche Geschichte tut sich auf, kraftvoll und schön wie der nahende Frühling.

Wie auch immer die Kinder in der Wirrnis des Heranwachsens gediehen sind, sie werden sich ständig verändern, äußerlich und in ihrem Wesen. Schnell löst ein Stadium das andere ab. Die Fotos rufen verschiedene Phasen ins Gedächtnis, es wurden Fortschritte gefeiert und Zeiten der Entspannung und Versöhnung genossen. Die Fotos zeigen den Ausbruch des Freiheitsgefühls und die Ernüchterung durch das wahre Leben, während von Jahr zu Jahr die Persönlichkeit in jedem heranreift.

Durch die Begleitung und Unterstützung werden sich auch die Eltern verwandelt fühlen. Und doch sind sie der Fels in der Brandung, während die Kinder ihre Entdeckungsfahrten auf allen neuen Gebieten machen. Die Eltern unterscheiden sich von ihren Kindern, aber ihre Partnerschaft ist von grundlegender Bedeutung für deren Leben. Sie dürfen sich niemals zu dem Gefühl hinreißen lassen, übergangen oder zurückgelassen worden zu sein oder nicht mehr gebraucht zu werden! Die Kinder werden später davon sprechen, wie viel ihnen das Vertrauen der Eltern bedeutete – und auch ihre Disziplin. Die Eltern mussten dies alles unter Beweis stellen und dabei ständig an sich selbst weiterarbeiten. Besonders ihre Liebe mussten sie unter Beweis stellen. Für sie sind die Teenagerjahre eine Bewährungsprobe ihrer wahren Liebe.

Helmut Ganser, Elisabeth Gergely, Tobias Richter (Hrsg.)

Wagnis Erziehung

Aus der Praxis der Rudolf-Steiner-Schulen
280 Seiten, gebunden, 227 Abb., davon 110 farbig

Grundfragen
- Ist die Waldorfschule noch zeitgemäß?
- Ist die Waldorfpädagogik eine Alternative?

Pädagogische Grundmotive
- Erziehung des Wollens, Fühlens und Denkens
- Sinnesverführung und Sinneshygiene
- Von Temperamenten und Musikinstrumenten
- Jahreslauf, Epochenunterricht, Monatsfeier

Vor der Schulreife – *der Waldorfkindergarten*
- Ein Tag im Waldorfkindergarten
- Die Aufnahme der Kinder in die Waldorfschule

Skizzen aus dem Unterricht
- Die ersten acht Jahre
- Formenzeichnen und Malen mit Wasserfarben
- Zur Pflanzenkunde
- Über den Turnunterricht
- Beispiele aus dem Fremdsprachenunterricht
- Lehrplan-Beispiele
- Bilder im Literaturunterricht
- Aus dem Mathematikunterricht
- Lebenskunde und Technologie in der Oberstufe
- Landwirtschaftspraktikum / Feldmessen / Industrie-praktikum
- Jahresarbeiten der 12. Klasse – und vieles andere mehr...

Fragen der Selbstverwaltung / Beispiele zur Architektur der Waldorfschulen / Erinnerungen prominenter Waldorfschüler / Wege der Lehrerbildung/ Literatur / Adressen

Verlag Urachhaus

Olaf Koob

Drogensprechstunde

Ein pädagogisch-therapeutischer Ratgeber
2. Auflage, 372 Seiten, gebunden

Ein erfahrener Arzt und Drogenberater wendet sich mit diesem umfassenden Ratgeber nicht nur an die direkt Betroffenen, sondern vielmehr an alle Eltern und Erzieher, indem er überzeugend darstellt, wie schon vom Säuglingsalter an die Disposition zu späterer Drogenabhängigkeit gefördert oder gebremst wird. So liegt gerade in der Familie die Chance, das Kind vor einer Drogenkarriere zu bewahren. Die einzig wirksame Suchtprophylaxe besteht darin, im Elternhaus seelische Bedingungen zu schaffen, die das elementare Bedürfnis nach Wärme, Liebe und Geborgenheit befriedigen. Phantasiekräfte, Eigeninitiative und Sehnsucht nach Bildern lassen sich in die richtigen Bahnen lenken, wenn Eltern, Lehrer und Erzieher in Kenntnis der kindlichen Entwicklungsgesetze handeln.

Verlag Urachhaus